# LA THÉORIE DU GENRE
# OU
# LE MONDE RÊVÉ DES ANGES

BÉRÉNICE LEVET

# LA THÉORIE DU GENRE OU LE MONDE RÊVÉ DES ANGES

*L'identité sexuée comme malédiction*

BERNARD GRASSET
PARIS

Photo de couverture : © René Magritte, La valse hésitation, 1950
© Photothèque R. Magritte / Banque d'Images, ADAGP, Paris, 2014

ISBN : 978-2-246-81177-0

# Pourquoi écrire sur le Genre ?

*Actualité et enjeux de la question*

Je commencerai par un aveu. Longtemps, la théorie du genre m'a laissée indifférente. J'ai voulu croire qu'en France ses élucubrations ne franchiraient pas le cercle d'universitaires se délectant des raisonnements les plus extravagants. Une théorie non pas qui nie les différences anatomique, biologique, physiologique des sexes mais ne voit dans l'altérité des hommes et des femmes que littérature, fiction élaborée par les sociétés, devait fatalement, pensais-je, trébucher sur l'expérience concrète. Qui en outre aspirerait jamais à cet avenir radieux promis par le Genre d'un monde où il n'y aurait plus ni hommes, ni femmes, mais des individus indifférenciés, substituables les uns aux autres, rendus à une prétendue indétermination sexuelle originelle, libres de vagabonder à travers les identités, les sexualités ? Je me trompais. Elle a fini par sinon triompher, du moins se diffuser, gagner les médias, les milieux éducatifs et culturels. La promotion du genre est irrécusable. L'offensive est d'abord sémantique : ministres, journalistes, sociologues, philosophes prennent soin de bannir de leur vocabulaire l'expression d'« identité sexuelle » au profit de celle d' « identité de genre ». Les textes officiels en adoptent également le langage. On ne compte plus les rapports gouvernementaux – nous en évoquerons quelques-uns dans le cours de cet essai – destinés à promouvoir les postulats de cette nouvelle anthropologie. La théorie du genre bénéficie ensuite d'une véritable reconnaissance institutionnelle. La liste des universités et des grandes écoles lui réservant un enseignement s'allonge chaque année. Sciences-Po se flatte ainsi d'avoir été pionnière en ce domaine instaurant en 2011 une chaire des Etudes sur le Genre. Les collectifs de recherche sur le genre essaiment[1]. Depuis mars 2010, à l'initiative d'étudiants liés de près ou de loin à l'association des Lesbiennes, Gays, Bi et Trans de France (LGBT), l'école de la rue Saint-Guillaume organise dans son enceinte la « Queer Week », une semaine d'ateliers, conférences, animations autour d'un thème (l'art en 2013) systématiquement abordé au travers du prisme du genre et des sexualités – le pluriel est de rigueur. En septembre 2011, à l'initiative du ministre (de droite) de l'Education nationale de l'époque, Luc Chatel, les postulats anthropologiques et philosophiques du Genre sont introduits dans l'enseignement des Sciences de la vie et de la Terre des classes de premières L et ES. Ainsi au

1. Cf. la liste des principales unités de recherche sur le genre in *Prochoix* (rédactrice en chef, Caroline Fourest) n°59, septembre 2013, dossier « Théories du genre. Les réacs passent à l'attaque », pp. 96-99.

chapitre « Féminin-Masculin », que les manuels déclinent chacun à leur manière (« Devenir homme ou femme » [Bordas], « Etre homme ou femme » [Hatier]), les élèves apprendront-ils que si « le sexe biologique nous identifie mâle ou femelle, ce n'est pas pour autant que nous pouvons nous qualifier de masculin ou de féminin » (Hachette), que l'identité sexuelle « dépend d'une part du genre conféré à la naissance, d'autre part du conditionnement social » (Bordas), que « le contexte culturel a une influence majeure sur le comportement sexuel » (Hachette), en sorte que « si, dans un groupe social, il existe une forte valorisation du couple hétérosexuel et une forte homophobie, la probabilité est grande que la majorité des jeunes apprennent des scénarios hétérosexuels » (Bordas) ou encore que « l'orientation sexuelle, qui peut parfois différer de l'identité sexuelle, ne dépend pas de caractères chromosomiques ou anatomiques, mais relève de l'intimité et des choix de vie. L'hétérosexualité, l'homosexualité, la bisexualité sont des orientations sexuelles » (Hatier). Mais l'intérêt que l'Education nationale manifeste pour le Genre ne se limite pas à cette initiation réservée à quelques lycéens. Si, depuis les manifestations contre le Mariage pour tous, le déni prévaut, si les ministres sont tenus de crier à la calomnie lorsqu'on invoque une telle influence, il n'en reste pas moins que le premier gouvernement Hollande n'a pas manqué de vanter les valeurs heuristiques de la théorie du genre et a volontiers reconnu y puiser son inspiration, dans son combat contre les inégalités entre les hommes et les femmes et l'homophobie[2] notamment. Rapporteurs, ministres, professeurs, syndicats, mobilisés autour de cette nouvelle mission de l'école, « lutter contre les stéréotypes de genre » (comme on disait encore en janvier 2014 mais comme on ne doit plus dire depuis février 2014 par hantise de voir les opposants descendre dans les rues, ledit rapport a d'ailleurs été rebaptisé : il s'agit désormais de « Lutter contre les stéréotypes filles-garçons »), tous, donc, s'accordent sur l'idée que seuls les axiomes du genre sont susceptibles de fonder les principes d'égalité entre les sexes et les sexualités dont l'école doit se faire le missionnaire zélé. Ainsi, et quelles que soient les dénégations, avec un ministère de l'Education nationale d'abord transformé en annexe du ministère des Droits de la femme, et désormais confié à celle-là même qui en avait les rênes Najat Vallaud-Belkacem, la politique éducative du président Hollande porte, sans conteste mais nous y reviendrons, l'empreinte du genre – comme l'eût porté,

2. Cf. « Convention interministérielle pour l'égalité entre les filles et les garçons, les femmes et les hommes dans le système éducatif 2013-2018 » du 7 février 2013 dans laquelle les ministères signataires déclarent sans détour que « les savoirs scientifiques issus des recherches sur le genre, les inégalités et les stéréotypes doivent nourrir les politiques publiques mises en place pour assurer l'égalité effective entre filles et garçons, femmes et hommes », s'engagent à « rendre visibles les recherches sur le genre » et à « réaliser un travail de vulgarisation et de diffusion des recherches sur le genre », à intégrer « une formation au genre et à l'égalité » pour l'ensemble du personnel « se destinant à travailler auprès d'enfants, d'adolescent(e)s, de jeunes adultes ».

ne nous y trompons pas, celle d'un gouvernement UMP si le candidat Nicolas Sarkozy avait triomphé aux élections de 2012, il suffit pour s'en convaincre de consulter la proposition 26 de son projet présidentiel consacrée à « La place des femmes dans la société ».

Les professeurs n'ont guère besoin de directives ministérielles pour inscrire à leur programme des ouvrages qui, s'ils ne sont directement inspirés par le Genre, en confortent en tout cas les axiomes. J'ai d'ailleurs, pour ma part, commencé de prendre la chose au sérieux lorsqu'en 2012, un enfant qui m'est proche, élève en classe de CM1 à l'école Anatole France du Pré-Saint-Gervais, est rentré de l'école avec pour devoir la rédaction d'une fiche de lecture portant sur l'ouvrage de David Walliams, illustré par l'incontournable Quentin Blake, *Le Jour où je me suis déguisé en fille*. Le livre raconte l'histoire d'un petit garçon, Dennis, qui contracte le goût des étoffes, des jupes et des robes en souvenir de sa mère qui abandonna le foyer peu de temps après sa naissance et dont il ne lui reste qu'une photographie sur laquelle elle porte une robe jaune. Dennis a, pour le reste, tout d'un garçon, il joue au football et ne montre aucune inclination homosexuelle. Il cède à la tentation d'acheter le magazine de mode *Vogue* (il subira l'humiliation de son père, un camionneur mal dégrossi, lorsque celui-ci en fera la découverte) mais garde cette passion secrète jusqu'au jour où il en fait la confidence à une camarade. Encouragé par cette dernière, il se décide à troquer l'uniforme scolaire de rigueur et se rend à l'école maquillé et vêtu d'une robe. Sans tarder, il se verra signifier son exclusion de l'établissement. Il sera finalement réintégré après avoir surpris le proviseur lui-même travesti en femme : « Sachez qu'il n'est pas facile d'être principal. Apostropher les uns, sermonner les autres, renvoyer les troisièmes. J'ai besoin de m'habiller de la sorte pour décompresser », se justifie M. Hawtrey. Le phénomène se révèle contagieux : le lendemain, c'est le marchand de journaux qui s'est glissé dans les vêtements de son épouse. Bref, à quoi rêvent les hommes sinon à endosser l'habit du sexe opposé, à rompre avec une normativité vestimentaire à laquelle docilement chacun obéit et du même coup, pérennise ? Cet ouvrage d'une indigence littéraire qui suffirait à l'écarter d'une institution censée transmettre la langue et l'art d'écrire, pétri *ad nauseam* de bons sentiments, rencontre et fortifie un des thèmes majeurs du genre : l'identité sexuée, « genrée », le masculin et le féminin ne sont que des codes, des normes imposés, ne tenant aucun compte des aspirations profondes de chacun, travaillant à « normaliser » les individus, nullement à les inscrire dans un monde de significations partagées. Instruit de l'historicité des codes, chacun attesterait sa « liberté » en s'en émancipant, en les brouillant, bref en semant le trouble dans le genre. Que conclut le jeune lecteur de sa lecture ? Le monde serait tellement plus joyeux, plus tolérant, ainsi qu'en est convaincu tout esprit progressiste, libéré de cet arbitraire des signes, de cette « violence du normatif » ! Mais ce n'est là qu'un exemple parmi d'autres. Nous reviendrons sur bon nombre d'entre eux dans la mesure où l'école est le lieu de cristallisation de l'opposition au Genre.

Le monde de la culture n'est évidemment pas en reste, la scène théâtrale et musicale se retrouve littéralement investie par les thèses anthropologiques du genre. Les metteurs en scène de théâtre et d'opéra relisent les classiques au travers de ce seul prisme. Shakespeare ou Marivaux notamment n'auraient jamais eu d'autres objets que la confusion des sexes et l'interchangeabilité des rôles. Les réalisateurs de cinéma ne manquent pas d'apporter leur contribution au travail de brouillage des identités et de déconstruction de la norme hétérosexuelle : ils nous découvrent un monde peuplé d'êtres irrésistiblement attirés par le même sexe, mais n'osant s'avouer à eux-mêmes une inclination que la société, bardée de « préjugés », condamnerait. Ainsi, des films comme *La Vie d'Adèle* ou *Les Garçons et Guillaume, à table !* sont unanimement salués par la presse et remerciés pour contribuer à « déboulonner les discours normés, enchaînés à la bisexualité[3] ». Le succès qu'ils rencontrent attesterait en outre un progrès des mentalités. Enfin, pour ne prendre qu'un exemple dans le domaine des institutions muséales, lorsque le Musée des civilisations de l'Europe et de la Méditerranée, le MuCEM, ouvre ses portes à Marseille en juin 2013, son exposition inaugurale s'intitule « Au bazar du genre. Féminin-masculin en Méditerranée », et s'offre comme un véritable

3. *Le Nouvel Observateur*, « Sexualité. Bi Cool », 17 avril 2014, n°2580.

manifeste en faveur des axiomes du genre, ainsi que les dossiers accompagnant l'exposition le montrent[4]. L'essentiel des œuvres exposées sont signées d'artistes *queer* impatients, nous dit-on, de subvertir le carcan des normes liées au sexe de naissance, se complaisant dans la représentation de l'ambiguïté sexuelle.

La liste est loin d'être exhaustive mais elle est suffisante, me semble-t-il, pour considérer que les axiomes du genre pénètrent bien l'ensemble du tissu social, qu'il ne s'agit pas là d'un simple fantasme.

Notons que, pour le Genre, bénéficier de tels relais – éducatifs, culturels, politiques, médiatiques – est essentiel. L'extension de son domaine d'influence lui est capitale car il ne prétend nullement demeurer théorie. Fidèles à l'injonction de Marx, les philosophes du Genre n'entendent pas se contenter

---

4. Cf. Dossier pédagogique et dossier de presse en ligne « Au bazar du genre. MuCEM ». L'exposition s'articule autour de cinq sections. La troisième s'intitule « LGBT Vivre sa différence » et a pour objet « la montée en puissance des revendications à la liberté d'assumer publiquement des choix de sexualité différents ou multiples. Sont présentées dans l'exposition les expressions contemporaines de la reconnaissance de cette liberté : tenues portées lors de gay prides récentes, images exprimant certaines formes de luttes, mais également l'actualité des formes de pactes et mariages homosexuelles ». La cinquième et dernière section, intitulée « Chacun son genre », « met l'accent sur la possibilité accrue pour les individus de jouer avec les codes et les modèles du genre et de l'apparence » et présente les œuvres d'artistes *queer* « laissant apparaître une sexualité ambiguë ». Cf. également supplément « Culture et idées » du *Monde* daté du samedi 8 mars 2014. Dossier « L'art se joue des genres ».

d'interpréter le monde, ils sont résolus à le transformer. Ils ambitionnent d'induire ce que Christiane Taubira elle-même s'est enorgueillie d'amorcer en proposant non pas d'ouvrir le mariage aux homosexuels mais de transformer la signification de cette institution pluriséculaire, à savoir « une réforme de civilisation » et non simplement de société. Mais ce jour-là, le 7 novembre 2012, à la veille de présenter son projet de loi en Conseil des ministres, le garde des Sceaux vendait la mèche.

Ainsi, après plusieurs décennies de résistance, au grand dam de ceux qui lui étaient déjà acquis, la France a-t-elle fini par se rallier à la théorie du Genre, à sa philosophie, à sa métaphysique. Longtemps, en effet, dans le concert des nations, la France s'est distinguée. Elle adressait au Genre une fin de non-recevoir qui la mettait à part. Le décalage était frappant avec les Etats-Unis, berceau du genre, où les *gender studies* ont, dès les années 1970, bénéficié d'un puissant ancrage institutionnel et scientifique, déployant une activité intense grâce à des bourses de recherche, et diffusant leurs travaux à travers colloques, revues, associations. Dans l'introduction qu'elle donne en 1999 à la réédition du livre qui l'a rendue célèbre, Judith Butler relève et raille au passage le retard qu'accuse la France en ce domaine : alors que « *Trouble dans le genre* prend racine dans la *French Theory*, après avoir été traduit en plusieurs langues et avoir eu en Allemagne un impact non négligeable sur la manière dont on parle de genre et de politique, il paraîtra en France – si cela finit par se faire – bien plus tard que dans d'autres pays ». Cela a fini par se faire, en 2005, *Trouble dans le genre* est traduit en français et dans la foulée, plusieurs de ses autres titres. Depuis lors, en dépit de ces atermoiements, la France se montre résolue à rendre les honneurs à cette théorie et à ses travaux, se reprochant de les avoir si longtemps négligés.

Même si l'on peut avec Elsa Dorlin, une spécialiste de la question, considérer qu'en 2005 « le concept de genre fait partie du paysage intellectuel français[5] », l'année 2011 marque néanmoins un tournant. C'est de cette année que date l'introduction, à laquelle nous avons déjà fait référence, de la théorie du genre dans les manuels scolaires de Sciences de la vie et de la Terre des classes de premières L et ES. C'est, du reste, à la faveur de la polémique que déclenche cette directive ministérielle émanant d'un gouvernement de droite, que le grand public découvre le Genre. C'est également en 2011, ainsi qu'on l'a mentionné, que Sciences-Po lui dédie une chaire, se flattant d'être la première grande école a rendre obligatoire l'enseignement des *Gender studies* avec la mise en place de PRESAGE, acronyme, lourdement signifiant, de Programme de recherche et d'enseignement des savoirs sur le genre. En octobre 2011, Judith Butler est consacrée docteur *honoris causa* par l'université de Bordeaux III. C'est enfin, mais la liste ne prétend nullement à l'exhaustivité, en décembre 2011, le 22, que le groupe socialiste,

---

5. Elsa Dorlin, « Sexe, genre et intersexualité : la crise comme régime théorique » in *Raisons politiques*, 2005/2 n° 18, pp. 117-137.

présidé par Jean-Marc Ayrault et comptant parmi ses signataires quelque dix-neuf futurs ministres du premier gouvernement de la présidence Hollande, présente à l'Assemblée nationale une proposition de loi invitant « le législateur à réfléchir sur l'opportunité d'introduire à plus ou moins court ou moyen terme la notion de genre dans notre droit » et ayant pour objet « la simplification de la procédure de changement de la mention du sexe dans l'état civil », préconisant pour ce faire, de l'« affranchir d'une quelconque obligation de parcours médical » : « La présente proposition de loi ne propose en rien de modifier le sexe biologique de l'individu reconnu à sa naissance et indiqué dans l'état civil. Il s'agit ici de rectifier le genre de l'individu qui constate que son genre ne correspond pas à son sexe biologique. »

La France n'est pas seule concernée par la promotion de la théorie du Genre. Loin s'en faut. La Norvège a ouvert le bal[6], la Suède, pionnière dans

6. Elle fut néanmoins quelque peu ébranlée dans son activisme par le documentaire réalisé en 2010 par Harald Eia, qui montrait qu'en dépit des mesures énergiques prises par le gouvernement pour inciter à une répartition paritaire dans tous les domaines d'activité, les femmes et les hommes n'embrassaient pas indifféremment les mêmes carrières, ainsi le métier d'ingénieur restait occupé à 90 % par les hommes et celui d'infirmière par les femmes. Intrigué par la persistance des rôles sexués dans le pays reconnu comme le plus égalitaire au monde, le cinéaste sollicite des experts qui concluent tous à l'impossibilité de faire abstraction du sexe de naissance. L'homme et la femme ne sont pas interchangeables. Suite à la diffusion de ce reportage, l'Etat norvégien a coupé les subsides à l'Institut scandinave des études sur le genre, qui a dû mettre la clef sous la porte.

l'instauration de crèches dites neutres, s'illustre tout particulièrement dans le domaine éducatif et se félicite de compter parmi les pays plus avancés dans les tentatives de neutralisation des différences. Nous reviendrons sur ces exemples tant les pays du nord de l'Europe, élevés au rang de modèles, captent l'attention des politiques. La liste des pays qui en sont venus à proposer, dans leurs documents administratifs, en plus des cases masculin, féminin, la case « neutre » que peuvent cocher tous ceux qui, quel que soit leur sexe de naissance, ne se *sentent* ni homme ni femme, ne cesse de s'allonger. Depuis 2011, les citoyens australiens ont la possibilité de se déclarer « neutres » sur leur passeport et depuis mai 2013, à l'état civil. L'Allemagne est le premier pays européen à avoir reconnu l'existence d'un troisième genre en novembre 2012. En mai 2012, le Sénat argentin a approuvé le projet de loi reconnaissant aux citoyens le droit de choisir leur sexe aussi bien que de n'en reconnaître aucun, une case « X » étant prévue à cet effet. L'identité de genre n'y dépend plus désormais que du « vécu intérieur et individuel du genre, tel que la personne le perçoit elle-même ». Les individus sont ainsi autorisés à décider de leur sexe en dehors de tout critère anatomique, selon leur strict « ressenti ». Chacun peut à loisir changer d'état civil sans que soit requis quelque intervention chirurgicale et/ou traitement hormonal. « Quel que soit votre parcours, si vous dites que vous êtes une femme, vous obtiendrez une carte d'identité de femme », résume Anne-Gaëlle Duvochel, présidente du Groupe d'étude sur la transidentité, le Gest. L'identité sexuelle n'est plus un « donné » mais une expérience purement subjective. Des pressions s'exercent en France pour reconnaître à tous le droit de s'identifier selon son ressenti et lui seul, sans subir la moindre opération. Le Commission nationale consultative des droits de l'homme a remis, en réponse à une saisine conjointe des ministères de la Justice et des Droits des femmes, le 27 juin 2013, un rapport « sur l'identité de genre et sur le changement de la mention de sexe à l'état civil » en ce sens. Après la guerre des deux France déclenchée par la loi sur le mariage homosexuel, le gouvernement Ayrault a préféré laisser sans réponse cette proposition mais on sait, cela a été rappelé plus haut, la majorité présidentielle acquise à cette préconisation.

La France monte donc, tardivement certes, mais elle y monte, dans un train déjà en marche. Pourquoi après tout ne pas se féliciter de voir ainsi la France rattraper son retard ? Pourquoi considérer qu'ici plus qu'ailleurs la citadelle n'eût jamais dû tomber ? Qu'ici plus qu'ailleurs une théorie enivrée de l'historicité et donc de la contingence du masculin et féminin, pressée dès lors de déconstruire les « représentations » que nous avons greffées sur la différence naturelle des sexes, eût dû rencontrer le plus de résistance ? Telles sont les questions qui travaillent cet essai.

On m'objectera que c'est en France que le Genre se heurte aux plus vives contestations. Assurément. Cette promotion soulève bien des protestations mais, portées par des mouvements que les journalistes, acquis, dans leur grande majorité, au Genre, ont par avance rangés dans le camp du mal – celui de Dieu et/ou de la tradition –, elles en sont pour ainsi dire inaudibles. Caricaturés presque toujours, caricaturaux parfois, les opposants au Genre sont désarmés.

Les pro-genre excellent dans l'art de délégitimer toute critique. Cette théorie qui n'aime rien tant que pulvériser les évidences sur lesquelles la civilisation occidentale s'est bâtie, goûte peu qu'on mette en question les siennes propres. Entrer dans cette discussion, dans cette querelle du Genre est une entreprise périlleuse. L'atmosphère n'est guère sereine et les anathèmes pleuvent. Toujours les mêmes antiennes : ces résistances sont diagnostiquées comme symptôme de crispation, interprétées comme volonté des hommes, jaloux de leurs prérogatives, de maintenir les femmes – la cécité idéologique est telle qu'elle empêche de voir qu'il y a bien longtemps qu'elles ont pris la clef des champs – dans leur état ancestral de subordination, crainte de voir le monde changer et, très vite, l'accusation d'homophobie pointe. Les anti-genre, explique ainsi le coprésident de l'association féministe catholique Fhedles (Femmes et hommes, égalité, droits et libertés dans les églises et la société), « se sont construit un ennemi imaginaire pour pouvoir en toute bonne conscience combattre l'égalité homme-femme ». Bref, les anti-genre soupireraient après un passé perdu. Ils militeraient en faveur d'un retour à une société de type patriarcal. Sauf que, comme toutes les strates de la société, ils jouissent de ce monde égalitaire sur lequel ils n'entendent nullement revenir, mais ils ne confondent pas égalité et indistinction. Quiconque ne souscrit pas à la théorie du Genre se rend ainsi par avance suspect de complicité avec la domination des femmes, de haine des homosexuels et autres minorités sexuelles qui ne seraient minoritaires qu'en vertu de notre allégeance à la norme de l'hétérosexualité, norme fictionnelle, nullement fondée en nature. Discréditer par avance l'adversaire en le renvoyant dans le camp du mal, de la « réaction », est une technique rodée mais souvent efficace.

A l'inverse, les motifs dans lesquels se drape le Genre le rendent difficile à contester. Les promoteurs de la théorie du genre s'emploient en effet à la présenter sous des dehors des plus inoffensifs, ne prétendant servir d'autres causes que celles de l'égalité, de la tolérance, de la non-discrimination. Et d'ailleurs, mais on aimerait les entendre s'en plaindre, il n'est pas certain que les penseurs du Genre trouvent leur compte dans cette édulcoration des enjeux de leur philosophie.

La bonne conscience qui habite les théoriciens et les adeptes du Genre est redoutable. « Dans un temps d'ignorance, disait Montesquieu, on n'a aucun doute, même lorsqu'on fait les plus grands maux ; dans un temps de lumière, on tremble encore lorsqu'on fait les plus grands biens. » Or, c'est sans crainte ni tremblement, avec ivresse et jubilation au contraire, que les théoriciens et les zélateurs du genre, Najat Vallaud-Belkacem en tête, diffusent leurs axiomes et entendent contribuer à l'édification d'une civilisation nouvelle. A ceux qui aiment brocarder notre frilosité, on rappellera que crainte et tremblement ont parfois des vertus heuristiques. Ils ne manquent d'ailleurs pas eux-mêmes de les exciter : Ayez peur des xénophobes, des homophobes, des sexistes, des mâles blancs hétérosexuels ! Tremblez, braves gens, la bête n'est pas morte ! La moindre défaillance dans la vigilance lui donnerait l'occasion de renaître. Par on ne sait quel tour de passe-passe, l'affect de la peur vilipendé quand il éveille à des inquiétudes non ratifiées par ce comité de vigilance active, retrouve soudainement des vertus. Les frileux, les grincheux, les crispés, quand ce ne sont pas les « collabos » d'un ordre établi archaïque, deviennent des résistants !

La question se pose donc : savons-nous vraiment ce que nous faisons en faisant nôtre le Genre ? A commencer par nos responsables politiques. C'est avec beaucoup de désinvolture qu'ils adoptent une théorie dont les postulats anthropologiques et philosophiques sont loin, très loin d'être indifférents, qu'ils choisissent de s'en inspirer pour rien de moins que « changer les mentalités » selon le mot de Vincent Peillon dans une lettre aux recteurs d'Académie[7], autrement dit régénérer l'humanité.

Nous chercherons donc à savoir de quoi le genre est véritablement le nom. Cette substitution sémantique, ce glissement de vocabulaire du sexe vers le genre n'est pas neutre. Ce petit vocable est lourd de présupposés anthropologiques et métaphysiques

7. Lettre aux recteurs d'Académie du 4 janvier 2013.

qu'il convient de mettre au jour. J'ai donc d'abord cherché à savoir ce que, par-delà les formules journalistiques, il renfermait, afin de construire une réplique argumentée et pas simplement intuitive – même si ce que Merleau-Ponty appelle la « foi perceptive » a ici toute sa légitimité.

Le besoin de clarification se fait d'autant plus sentir que le Genre ne gagne en visibilité, n'occupe le devant de la scène qu'à la faveur de polémiques, contexte guère propice à l'intelligibilité. Chacun, y compris les journalistes, se détermine en fonction du camp opposé et se montre prêt à sacrifier la vérité factuelle sur l'autel de ses convictions. La bataille déclenchée en février 2014 autour de la mise en place, à titre expérimental dans quelque six cents classes (maternelles et élémentaires), de dix académies volontaires, de l'ABCD de l'égalité est à cet égard particulièrement instructive.

Les parcours qui composent cet abécédaire, j'y reviendrai, s'éclairent tous des postulats du genre (ils visent, chacun selon une thématique propre, à historiciser les représentations du masculin et du féminin, à dénaturaliser les qualités, les défauts, les dispositions, attachés à chacun des sexes, bref à réduire le masculin et le féminin à des rôles joués distribués, jusqu'ici, par la société en fonction du sexe de naissance mais « en réalité » sans lien avec un quelconque donné naturel et par conséquent interchangeables à loisir, appropriables par chacun). Or, lorsque les militants de la Manif pour tous se mobilisèrent contre ces abécédaires au nom de la philosophie qui les inspire, plutôt que d'assumer cette inspiration, de reconnaître cette filiation avec le genre et ses axiomes, les ministres ont été sommés de nier, de crier à la calomnie. Les journalistes, de leur côté, à quelques exceptions près, ont traité par le mépris toute critique, esquivé tout examen avec pour argument-massue : la théorie du genre n'existe pas, comment pourrait-elle être enseignée ?, étouffant ainsi dans l'œuf des questions qui se posaient légitimement. Jamais, dès lors, l'ABCD de l'égalité n'a mieux justifié l'accusation répandue contre lui de « cheval de Troie de la théorie du genre ». Les axiomes du genre pénètrent bien l'enceinte de l'école, mais masqués, dissimulés. Le résultat ne s'est pas fait attendre. Des personnalités extrémistes, adeptes des théories du complot, avec à leur tête Farida Belghoul, se sont emparées de l'affaire, et, réunies sous le label « Journée de retrait de l'école » (en référence à la modalité d'action préconisée pour manifester leur réprobation), ont colporté, à grand renfort de SMS adressés aux familles les plus vulnérables, d'origine musulmane pour l'essentiel, les rumeurs les plus ineptes, toutes à connotations sexuelles (les professeurs enseigneraient, en classe de maternelle, la masturbation…). Les enseignants convoquent les familles, apportent des explications, mais force leur est de constater qu'ils ne convainquent pas. Ils s'étonnent de leur impuissance à ramener les familles à la raison, mais le motif en est fort simple : leurs explications contournent systématiquement la question. Ils invoquent les principes d'égalité, la lutte contre les stéréotypes, facteurs de discrimination. Mais chacun pressent que, par-delà ces nobles principes, autre chose est en jeu. Chacun subodore que la politique mise en œuvre aussi bien à l'école que dans l'ensemble de la société repose sur de nouvelles bases anthropologiques (qui sont celles du Genre précisément) et ce sont elles que chacun voudrait voir exposées, clairement et nettement. Faute de réponse rationnelle à leurs doutes, les âmes inquiètes s'en remettent aux esprits manipulateurs qui, s'ils ne leur apportent pas plus de réponse, ont le mérite de faire droit à leur anxiété et ne les biffent pas d'un trait de plume méprisant.

Assurément les axiomes du genre ne sont-ils pas enseignés en tant que tels à l'école primaire, *a fortiori* à la maternelle (ils ne le sont qu'en classe de premières L et ES), évidemment qu'aucun enseignant ne transforme sa classe en atelier masturbation, contrairement à ce qu'a pu colporter la rumeur[8], et peut-être même que le vocable de genre n'est jamais ou rarement prononcé par les professeurs, mais là n'est décidément pas la question. C'est à ce besoin d'élucidation que j'espère satisfaire.

« Tous ceux qui disent les mêmes choses ne les possèdent pas de la même sorte », disait profondément Pascal. Si je dénonce le traitement réservé aux anti-genre, si je condamne l'impuissance, contraire à la déontologie de leur profession, des journalistes à entrer dans des raisons qui ne sont pas les leurs, cela ne signifie pas que je me retrouve dans les

8. Cf. *Le Monde*, 13-14 avril 2014, « "Théorie du genre" : enquête sur une folle rumeur ».

mobiles qui animent les opposants au Genre, non plus que dans les fondements de leur opposition. La théorie du genre s'impose d'ailleurs d'autant plus aisément que face à elle, sur le plan conceptuel, elle rencontre des arguments qui ne sont pas toujours convaincants. Le discours des militants anti-genre est souvent un peu court : invoquer l'ordre de la nature ou de la Création a toute sa légitimité mais reste insuffisant. Soutenir que la nature a fait l'homme et la femme et les a destinés l'un à l'autre, ou que la dualité sexuée a été voulue et instituée par Dieu au sixième jour de la Création pèse de peu de poids dans un monde sécularisé, émancipé de toute référence à une quelconque autorité transcendante. Et à l'argument de la nature, ne doit-on pas objecter que l'homme est précisément cet être qui peut s'émanciper de la nature? La religion, comme la nature au reste, « empêche l'homme de tout concevoir et lui défend de tout oser », comme l'a magnifiquement dit Tocqueville. Et il convient de rendre leur légitimité à ses principes de limitation mais on ne saurait s'appuyer sur eux seuls pour répliquer à l'historicisme du genre.

Quant à ceux qui, à l'instar de Nancy Huston[9], s'opposent au Genre en invoquant la science, les travaux des neurobiologistes et autres spécialistes du comportement humain, ils se dérobent tout autant à la question. La différence des sexes serait insurmontable car comme tous les autres mammifères,

9. Nancy Huston, *Reflets dans un œil d'homme*, Actes Sud, 2012.

l'homme et la femme sont génétiquement programmés pour se reproduire, de là découlerait la nature des relations hommes-femmes. La femme est faite pour être fécondée, or, pour féconder il faut plaire, d'où l'importance qu'occupe le souci de l'esthétique chez la femme. Quant à l'homme, s'il regarde les femmes, c'est qu'il lui faut être séduit afin d'assurer sa descendance ! La science leur offre une autre échappatoire en reconduisant le désir que l'homme et la femme s'inspirent à une ruse de la nature pour garantir la perpétuation de l'espèce. Le désir, la volupté, le charnel n'auraient ainsi d'autre fin, et finalement d'autre légitimité que la procréation. A tout prendre, s'il faut choisir, entre programmation génétique et vice, je prends, avec Schopenhauer, le vice : « La persistance de l'existence humaine prouve tout simplement sa lubricité. » Entre le conditionnement des uns et la plasticité intégrale des autres, il y a une troisième voie que je tenterai de fonder.

La différence des sexes ne rend pas seulement possible la filiation, la génération, elle produit entre ces deux êtres tellement semblables et tellement différents une aimantation vertigineuse, un appel des sens que rien n'apaise, et qui a sa fin en soi. C'est donc à construire une réplique qui n'emprunte pas à Dieu ou à la théologie ses arguments, non plus à la neurobiologie ou autres sciences ses motifs, que je m'essaierai ici.

Je défends la différence des sexes, l'altérité comme fondement de nos sociétés moins parce qu'elle est naturelle – même si, comme je l'ai dit, une société sans étayage dans la nature se prive d'un principe de limitation qui ouvre la voie à une *hubris*, une démesure qui demeure, ainsi qu'on le sait depuis les Grecs, rarement impunie – qu'en raison de la culture qu'elle porte. La civilisation occidentale, et spécialement la civilisation française, a exalté l'énigme de cette première différence qui se découvre à l'œil nu, a aiguisé cette polarité dont procède l'érotisation des relations hommes-femmes.

Cette pièce est exceptionnellement versée au dossier. Et pourtant, il y a au cœur du Genre, un ascétisme, un puritanisme résolu à couper les ailes du désir hétérosexuel qui ne devrait pas nous laisser indifférents. Les religions en ont peut-être rêvé, le Genre lui, en extirpant le mal à la racine (la différence des sexes), escompte le réaliser.

J'ai ainsi choisi de lui livrer bataille sur son propre terrain, à savoir celui de notre legs historique, des représentations que nous avons greffées sur ce donné de la dualité des sexes. Imputer à l'éducation, à l'histoire, toutes les différences observables ainsi que le fait le genre, non seulement je contesterai cette thèse mais quand même elle aurait quelque consistance, quand même les différences seraient entièrement construites, je n'y vois rien qui autorise à les déconstruire. Le féminin, le masculin sont des représentations, ainsi que le soutient le Genre, sans doute, en grande partie, mais n'en appellent-elles pour cette raison qu'à notre « vigilance » afin de les empêcher de se reproduire, ainsi qu'on l'entend partout répéter ?

Si je me suis attachée à cette question de l'infiltration du genre dans notre pays, c'est qu'elle me semble en dire long, très long sur la France du XXIe siècle, sur les redditions que nous ne cessons de signer avec notre histoire. Elle n'est qu'une illustration, mais une des plus éloquentes, de ce que nous n'aimons plus notre héritage. C'est l'histoire de notre sensibilité, des mythes qui ont enflammé notre imagination qui est ici en jeu. C'est la raison pour laquelle je considère que ce ralliement au Genre, même tardif, ne nous honore guère. Nous devrions être jaloux de notre modèle de mixité des sexes. Le défendre, le promouvoir – et spécialement à un moment où il est concurrencé par des pratiques venues de civilisations non européennes, de mœurs étrangères à l'Occident.

Le défendre non parce qu'il est passé mais parce qu'il recèle des trésors d'expérience. Et j'aime à penser que si la France a tant tardé à se rallier à cette théorie venue des Etats-Unis – ce qui ne la rend nullement suspecte en soi à mes yeux –, c'est que nous restions accessibles aux charmes de cette construction. Infléchir les relations des hommes et des femmes dans le sens d'une égalisation des conditions était un projet légitime mais il est rempli. Abolir l'ordre sexué sur lequel reposait la société, rendre interchangeables l'homme et la femme en est un autre, qu'il convient d'interroger.

J'ai ainsi voulu comprendre les raisons qui nous avaient rendus dociles à cette idéologie, élucider les motifs de cette récente conversion. Pourquoi la pensée de Judith Butler, entre autres, a-t-elle fini par

« prendre » en France, ainsi que le demandait Eric Fassin en 2008[10] ?

Si l'on veut solidement répliquer à la théorie du genre, il faut se placer sur le terrain philosophique, opposer à son idéal, inspiré de la modernité, d'un individu originellement indifférencié, délié, *causa sui*, une autre idée de l'homme et de son rapport au monde. Il y a, au cœur du Genre, une méconnaissance et un mépris fondamental de la condition humaine, de sa finitude, qu'il ne faut pas laisser sans réponse. Il faut avoir le courage de prendre à bras-le-corps la question de l'humanité de l'homme. Car le Genre, lui, y répond, même si c'est par la négative : l'humain n'est rien, il est toute plasticité, et il doit pouvoir s'essayer à tout.

La question dépasse la seule théorie du genre. Nous nous confions aux thèses les plus chimériques, les plus indigentes, faute de posséder un début de réponse à cette délicate question. Les philosophes la délaissent tant ils redoutent d'essentialiser l'homme et du même coup d'exclure de l'humanité certains d'entre eux – hantise légitime. Mais il fut un temps où les philosophes se sont montrés plus téméraires, au sortir notamment de la barbarie nazie et stalinienne et de la tentative bien réelle des totalitarismes de façonner un homme nouveau.

La philosophie qui inspire le Genre, cette rébellion contre tout donné de l'existence, naturel aussi

10. « Résistance et réception : Judith Butler en France » in *L'Inversion de la question homosexuelle*, Editions Amsterdam, édition augmentée, 2008, p. 218.

bien que culturel, nous gouverne, elle régit implicitement – et c'est bien là le danger – tous les domaines de l'existence. Judith Butler ne s'y trompe d'ailleurs pas : elle sait que le succès remporté aux Etats-Unis par *Gender Trouble* lors de sa parution tient à ce que « ce livre faisait écho à quelque chose qui était déjà là, qui attendait d'être éveillé[11] ». Notamment à « un désir de reconstruction radicale du corps qui circule en ce moment dans l'espace public (...) il y a un désir de transfiguration complètement fantasmatique du corps[12] ». De transfiguration et de désidentification pour mieux s'ouvrir à tous les possibles.

C'est bien ainsi que le sociologue Eric Fassin, un des principaux émissaires du Genre en France, interprète l'intérêt récent de ses compatriotes pour cette doctrine : « Si *Gender Trouble* intéresse notre actualité, c'est bien qu'il y a aujourd'hui en France, et il faut s'en réjouir, du trouble dans le genre[13] », « l'ordre des sexes et des sexualités va un peu moins de soi. Ce que c'est qu'être un homme, ou une femme, s'affirme moins comme une évidence... ce que c'est qu'être hétérosexuel ou homosexuel s'impose moins comme allant de soi[14] », dans les deux cas, espère Eric Fassin, « peut-être verra-t-on désormais davantage les visages qui ne se reconnaissent

---

11. Judith Butler, *Humain, inhumain. Le travail critique des normes. Entretiens*, Editions Amsterdam, 2005, p. 16.

12. *Ibid.*, p. 16.

13. « Résistance et réception : Judith Butler en France » in *L'Inversion de la question homosexuelle*, *op. cit.*, p. 218.

14. *Ibid.*, p. 220.

pas dans cette alternative... » Je ne sais qui des pro ou des anti-genre sont les plus habiles dans l'art de se fabriquer des fantômes mais les premiers n'ont rien à envier aux seconds. Si longtemps, de fait, les homosexuels ont dû avancer masqués, cette époque est révolue – comme est révolu, ne cédons pas au péché d'anachronisme, ce temps où le « conformisme » était la loi de la vie en société, où chacun, hétérosexuel comme homosexuel, se sentait tenu de *se conformer* aux normes, aux codes qui réglaient la vie en commun, chacun se faisait un devoir, une politesse de ne pas envahir de son moi l'espace public, de ne pas l'exhiber, le sens de la frontière qui sépare le public du privé était encore vif. Quant à l'alternative du masculin et du féminin dans laquelle la très grande majorité des individus continue de se reconnaître, on ne saurait dire qu'elle condamne à l'uniformité.

La théorie du genre, en semant le trouble dans les identités sexuelles, les a rendues obsédantes. Elles sont devenues question pour nous-mêmes. Mon observation semblera très peu philosophique puisque la mise en question de l'évidence, du « ce qui va de soi » semble bien le commencement de la philosophie mais il est des étonnements féconds et d'autres stériles, vains, qui nous encombrent de nous-mêmes au lieu de nous rendre disponibles au monde, de nous extraire de l'étroitesse de notre moi. La question du genre est de ceux-là. Cependant, à la faveur de cet appel à la désidentification, nous redécouvrons la saveur qu'il y a à *être de son sexe, et de lui seul*. Grâce en soit rendue au Genre ? !

Le conflit entre les pro et les anti-genre n'est pas entre l'ordre naturel ou divin et la liberté mais entre deux idées de l'individu et de sa liberté. Ce sont deux conceptions de l'homme et de sa place dans le monde qui s'opposent. Le choix n'est pas, comme on tente de nous en convaincre, entre un monde où les femmes seraient dominées et un monde où elles seraient enfin les égales des hommes, entre un monde où les minorités sexuelles seraient opprimées et un monde où elles pourraient vivre sans être inquiétées. L'égalité des hommes et des femmes n'est en rien formelle, elle est une réalité quotidienne et les minorités sexuelles ont accédé à une visibilité que nul ne leur conteste.

Le choix ici est entre l'idée d'un homme précédé, qui ne se construit pas en dehors de tout donné, donné naturel et culturel, un homme limité et le postulat d'un être indéterminé, ouvert à une palette de possibilités auxquelles il doit pouvoir s'essayer sans entrave.

Cette question nous est léguée par la modernité philosophique. Descartes, en posant l'individu, le sujet comme réalité primordiale, et lui fixant pour programme de devenir « comme maître et possesseur de la nature », rendait l'homme inaccessible à la moindre gratitude pour le donné, l'autorisait au contraire à entrer en rébellion contre tout ce qui n'a pas son origine en lui.

Cette question agite le XVII^e^ siècle français et prend d'emblée la forme d'une querelle des Anciens et des Modernes, et sans cesse, depuis lors, elle rebondit : au XX^e^ siècle, aux penseurs de la finitude que sont, entre autres, Hannah Arendt, Simone Weil, Albert Camus, Merleau-Ponty, s'opposent les penseurs de la liberté, Sartre et Beauvoir en tête, qui nous somment de choisir entre l'Etre et le Néant, la nature et la liberté, n'envisagent pas qu'on puisse les articuler. L'enjeu aujourd'hui dans la querelle du Genre est la même : d'un côté, les champions d'une liberté illimitée, d'une indétermination originelle que la société n'aurait d'autre obsession que d'entraver, normaliser, surveiller et punir ; de l'autre, les dépositaires d'une pensée de la finitude.

Les tenants du genre appellent de leurs vœux l'avènement d'une société qui ne serait plus structurée par l'ordre sexué, au motif que celui-ci serait facteur d'inégalités. Ils ont été entendus et leur vœu exaucé avec la loi Taubira. La société française, après bien d'autres, n'a plus d'étayage naturel. Le mariage, jusqu'alors, consacrait l'union *naturellement* féconde d'un homme et d'une femme. Désormais il conjoint deux êtres dont la filiation ne peut être qu'artificielle.

Ce qui frappe dans le ralliement à la philosophie du Genre, mais pas seulement, c'est notre délectation à voir couper les uns après les autres les liens qui nous rattachent à la nature. Inspirée par le physicien Heisenberg, Hannah Arendt parlait du cauchemar de vivre dans un monde où l'homme ne rencontrerait plus que lui-même et ses produits, or, désormais, même les enfants relèvent de cet artefact.

Une autre des raisons qui m'ont convaincue d'écrire cet essai est le regain de vitalité que le

Genre a donné à un militantisme féministe moribond parce que sans objet. En claironnant à tout rompre que la différence, l'altérité, l'asymétrie homme/femme était contingente, historique, le Genre a réveillé la belle endormie, au prix d'une confusion conceptuelle des plus funestes. Différence et inégalité sont devenues synonymes. L'obstination de la différence des sexes a pu être interprétée comme persistance des inégalités. En dénaturalisant de part en part les différences sexuées et sexuelles, nous nous sommes privés des instruments conceptuels permettant de penser cette obstination. Aussi longtemps que la condition humaine continuera de se distribuer entre hommes et femmes, que la polarité du masculin et du féminin restera active et *signifiante*, concluent-ils, le combat en faveur de l'égalité trouvera à se justifier. La différence anthropologique par excellence se voit retraduite dans le langage de l'injustice, de la discrimination. L'égalité ne peut s'attester que dans l'interchangeabilité. L'idée que l'homme et la femme seront égaux lorsque l'un *sera* l'autre sexe est présente chez Simone de Beauvoir et définit le féminisme d'une Elisabeth Badinter, par exemple. Cependant, d'idée régulatrice, il est devenu projet : il s'agit désormais de *rendre* l'homme et la femme semblables, c'est-à-dire substituables l'un à l'autre à coup de mesures coercitives. De faire l'homme à l'image de la femme, la femme à l'image de l'homme. La pénalisation des clients des prostituées, votée à l'Assemblée nationale le 4 décembre 2013, en est un exemple remarquable. Cette modalité de la sexualité masculine[15] contrarie la vision angélique d'un monde sans ténèbres, sans ombres portées. Comment raboter cette funeste différence, cette redoutable aspérité ? En infligeant à ceux qui s'adonnent à cette pratique une amende de 1500 euros (soit, ainsi qu'il a été observé, l'équivalent de quelque quatre RSA) et, en cas de récidive, de 3750 euros. Le législateur entend par là non seulement punir mais guérir les hommes d'un mal qui les frappe depuis l'origine de l'humanité, et pour mieux souligner la visée thérapeutique de cette loi, des stages de sensibilisation aux conditions d'exercice de la prostitution leur seront proposés. Ils ne savent pas ce qu'ils font…

Osera-t-on enfin proclamer haut et fort que la cause de l'égalité n'a plus de mobile ? Que l'égalité des femmes est acquise, incontestée, incontestable, qu'on ne reviendra plus dessus ? Nos sociétés sont égalitaires et il ne reste rien de la structure patriarcale qui, hier encore peut-être, dans les années 1950-1960, pouvait ordonner nos sociétés. Il faut une bonne dose d'idéologie pour pouvoir déclarer, à l'instar de Caroline De Haas, la fondatrice de l'association Osez le féminisme !, que « tout vient du fondement patriarcal de notre société construite sur un rapport de domination des femmes par les hommes » ou soutenir, avec le plus grand sérieux,

---

15. Sexualité masculine *hétérosexuelle*, car si la prostitution homosexuelle existe, les abolitionnistes n'ont dans leur viseur que les clients hommes des prostituées femmes.

ainsi que le fait le psychiatre Serge Hefez, que « le Genre devrait finir par faire sauter les digues du patriarcat ». Qu'est-ce qu'une société patriarcale ? Une société où la femme dépend beaucoup plus de l'homme que l'homme de la femme, où pour ouvrir un compte en banque ou accéder à une bibliothèque universitaire, il fallait l'autorisation du père ou de l'époux. Une société où la femme est reléguée hors de la sphère des responsabilités politiques, assignée à résidence et vouée aux tâches domestiques ? Ce monde est aujourd'hui derrière nous. Le temps de la subordination des femmes au chef de famille n'est plus. Les femmes sont sorties de l'état de minorité dans lequel elles étaient maintenues sur le plan juridique. La cause des femmes est gagnée, la société tout entière lui est acquise et si demeurent quelques inégalités (de salaire notamment), les femmes sont désormais suffisamment assurées d'elles-mêmes pour triompher seules des obstacles auxquels elles peuvent encore éventuellement se heurter (mais est-ce vraiment en tant que femme qu'elles s'y heurtent ? Je ne le crois pas) et conquérir les places qu'elles aspirent à occuper. Il faut aussi concevoir qu'il est des métiers qu'elles ne convoitent pas, que la hiérarchie des activités et des sphères qui prévaut aujourd'hui et place le travail et l'économie au sommet de l'échelle, n'est pas nécessairement la leur. En sorte que, si elles demeurent minoritaires dans certaines professions et ne travaillent pas toujours à temps complet, la raison n'en est pas nécessairement dans un machisme persistant mais dans une autre conception de l'existence.

On m'objectera enfin qu'il est vain de regimber contre une théorie si parfaitement conforme au mouvement de l'histoire, à laquelle les pays, les uns après les autres se rallient. La France *volens nolens* ne saurait donc se dérober. D'autant que les instances internationales et d'abord européennes veillent et matent toute résistance. Force est de constater que ces prétendus militants de la liberté en viennent toujours à cet argument ultime. Le « mariage pour tous », ils le *voulaient,* mais, de toute façon, aimaient-ils à rappeler aux récalcitrants, quoi qu'on fasse, un jour viendrait où la France n'aurait plus le choix. Si nous gardons un peu d'orgueil, de confiance dans la liberté humaine au sens vrai et fort du terme, en la capacité d'infléchir le cours fatal des processus naturels ou historiques, alors ne nous réfugions pas derrière je ne sais quel sens de l'histoire. L'adaptation n'est pas la loi du genre humain. L'homme peut déroger aux décrets des dieux comme à ceux de l'histoire.

Je ne trancherai pas sur ce qui pourrait sortir d'un monde qui n'entendrait plus cultiver, exalter l'asymétrie des sexes, qui, sous couvert de lutter contre les stéréotypes et pour l'égalité, nous rendrait, hommes et femmes, interchangeables. Simone de Beauvoir a raison de rappeler que « notre manque d'imagination dépeuple toujours l'avenir ». D'autant que tout porte à croire que la différence des sexes est une réalité suffisamment coriace pour se rebeller contre toute tentative d'extinction. Je ne prophétiserai pas, donc, mais je tenterai d'établir les raisons pour lesquelles je n'aspire pas à vivre dans un monde de l'aplatissement de la différence des sexes.

Si nous sommes libres, il n'est qu'une question qui vaille : *voulons*-nous vivre dans un monde qui vérifierait les postulats anthropologiques et philosophiques du genre ? Quand même la neutralisation de l'altérité du masculin et du féminin, de cette « asymétrie faite chair », selon la belle formule de Pascal Quignard, serait possible, est-elle souhaitable ? Aspirons-nous à vivre dans ce monde d'anges désincarnés, ou plutôt ne s'incarnant jamais, entraînés dans le labyrinthe des possibles ? Voulons-nous vivre dans un monde désexualisé, désérotisé, ayant surmonté, dans une grande synthèse réconciliatrice, la dialectique du masculin et du féminin ? Est-on disposé à tenir pour un simple accident de l'Histoire, appelé à être dépassé, « l'existence de deux sexes qui, par ailleurs si *semblables*, accentuent pourtant leur différence par les signes les plus extérieurs », ainsi que l'avait observé Freud ? La question est politique au sens noble du terme, il nous appartient de décider ensemble du monde dans lequel nous entendons vivre.

# De quoi le genre est-il le nom ?

*Théorie du genre,* Gender studies, *études sur le genre : enjeu d'une sémantique*

On l'aura constaté, je ne crains pas d'employer l'expression « théorie du genre ». Et pourtant, ces derniers temps, son usage s'est vu frappé d'interdit. La théorie du genre ? Ça n'existe pas, nous répètent à l'envi les voix les plus autorisées. « C'est un fantasme », diagnostique Hélène Périvier, chercheur à l'Institut d'études politiques de Paris. « Un label inventé par la frange la plus conservatrice de la droite française », nous explique la sociologue Laure Bereni, chercheur au CNRS, spécialiste des questions de Genre, dans une tribune parue dans *Libération* – journal qui, il y a peu encore, y recourait sans trembler.

Cette querelle sémantique s'est déclenchée au mois de mai 2013 à la suite d'une intervention du ministre de l'Education nationale, Vincent Peillon, qui avait eu l'imprudence de l'employer. Une véritable fronde d'universitaires spécialisés dans ce champ de recherche s'ensuivit par médias interposés. *Libération* publia le 10 juin 2013 deux tribunes, l'une réunissant des centaines de signataires. Sans tarder, le ministre faisait amende honorable, reconnaissant que l'expression était impropre, dénonçant un pur

« artefact intellectuel » forgé dans l'arsenal des milieux les plus réactionnaires. Depuis lors, dociles, les ministres se soumettent à cette sentence de bannissement. Ainsi, à un journaliste du *Point* qui avait encore l'outrecuidance de l'utiliser peu de temps après l'épisode Peillon, Najat Vallaud-Belkacem réplique avec véhémence : « Commençons par le commencement : la "théorie du genre", ça n'existe pas ! C'est comme le monstre du loch Ness, tout le monde en parle, cela sert de repoussoir, mais personne ne l'a vu ! La seule chose qui existe, ce sont les "études de genre" confiées à des chercheurs qui dissèquent comment les inégalités se forment entre les deux sexes[16]. »

Sauf que si le ministre avait un instant le courage de penser par elle-même, elle admettrait peut-être que l'expression a un sens, et sans doute saurait-elle alors mieux ce qu'elle fait en s'en faisant l'intercesseur zélé.

Quelles diaboliques arrière-pensées prête-t-on à ceux qui ont la hardiesse de parler de théorie du genre ? Ses utilisateurs sont soupçonnés de vouloir délégitimer les études sur le genre, occulter le vaste champ de recherches qu'elles recouvrent et les débats contradictoires qui les traversent en les unifiant sous une seule et même étiquette, leur dénier enfin le statut de science en renvoyant « de solides analyses empiriques à la fragilité d'une doctrine », ainsi qu'on peut le lire dans l'une des deux tribunes de *Libération* mentionnées plus haut. Le Genre tient

16. « Filles-Garçons, Najat Vallaud-Belkacem refait le match », *Le Point*, 20 juin 2013, n° 2127, entretien réalisé par Emmanuel Berretta.

en effet farouchement à ce titre. Ses promoteurs ne s'y trompent pas : ils savent l'autorité qui s'attache à la parole scientifique. Quand la science a parlé, chacun tremble et se rallie. On peut également y soupçonner la prétention de s'inscrire dans la lignée des grandes ruptures épistémologiques qui ont bouleversé l'humanité, de celles qui ont, selon le mot de Freud, infligé à l'humanité de cuisantes blessures narcissiques, en apportant un brutal démenti à son sentiment de toute-puissance et de supériorité. Après Copernic et le décentrement de la Terre, après Darwin et le rapatriement de l'homme dans la descendance animale, après Freud et la découverte des ténèbres qui habitent tout homme et le dépossèdent de son statut de « maître en son navire », le Genre, lui, révélerait que la différence sexuelle sur laquelle ont été bâties les civilisations, n'est que fiction, sable mouvant. L'identification à un sexe est pure chimère. Or, au mieux, comme la psychanalyse au demeurant, les études sur le Genre peuvent prétendre au rang de sciences sociales et humaines mais nullement de sciences dures. En ce sens, l'introduction de son enseignement en classes de premières L et ES – et non S, cela mérite d'être noté – dans les programmes de Sciences de la vie et de la Terre est une usurpation. Sa place, si place il dût y avoir, ce dont je ne suis pas convaincue, eût été en cours de philosophie (à l'instar des théories de Freud), où les axiomes du Genre auraient été mis en dialogue avec d'autres appréhensions de la différence des sexes et de la frontière nature/culture. Lorsque des députés firent cette suggestion, ses promoteurs se cabrèrent et invoquèrent l'« état des savoirs sur l'identité sexuelle ». Mais aucune science n'est à même de sanctionner les postulats du Genre. Les scientifiques dignes de ce nom s'arrêtent là où l'expérimentation ne peut être faite. Or, nul ne pourra établir où commence, où finit la nature.

En réalité, tout vous trahit en ce domaine : selon que vous parlerez de *Gender studies*, de théorie du Genre ou d'études sur le Genre, vous vous signalerez d'emblée comme ennemi ou ami du Genre. L'usage de l'expression « théorie du genre » ne signe pas seule votre réprobation, l'anglais la révèle non moins, plus même peut-être, puisque celui-ci viserait à en dénoncer le caractère étranger, à en démasquer le produit d'importation. L'ami du genre se signale, lui, par l'emploi exclusif d'« études sur le genre ».

Cependant, en dépit de cette attitude de déni, il n'en reste pas moins que distinguer entre théorie du genre et études de genre n'est pas dépourvu de sens. Comment de fait pourrait-il y avoir des études sur le genre sans théorie du genre, sans conceptualisation de la notion même de « genre » ? Or, lorsque nous parlons de « théorie du genre » nous n'affirmons rien d'autre. Ce qui explique sans doute que Judith Butler elle-même ne rechigne pas à l'employer.

Ces études, aussi plurielles soient-elles, ont bien un noyau commun, recourent à un même outil conceptuel : le Genre. Avant d'être utilisé par les chercheurs comme instrument d'exploration, encore a-t-il fallu le forger. La théorie du genre se distingue des études sur le genre en cela qu'elle se consacre à élaborer conceptuellement cette notion de « genre » dont les chercheurs, historiens, sociologues, économistes, spécialistes de littérature font ensuite usage comme d'une sonde dans leur domaine respectif. Il s'agit peut-être de leur plus petit commun dénominateur mais ils l'ont bien en partage. On doit donc pouvoir parler de théorie du Genre sauf à faire du genre un vocable vide, sans portée ni enjeu, une nébuleuse. Ce qu'il n'est pas. Ceux qui l'emploient se rallient à des positions doctrinales fortement tranchées.

Le mot de « genre » est loin d'être neutre en effet. La substitution d'un mot par un autre n'a l'air de rien, et pourtant, parler de genre et non plus de sexe est à soi seul tout un programme, ainsi que l'a défendu sans détour Julie Sommaruga, députée PS, qui présentait à l'Assemblée un amendement au projet de loi de refondation de l'Ecole de Vincent Peillon exigeant que « l'éducation à l'Egalité de genre [et non de sexes] devienne une mission de l'école élémentaire dès l'âge de six ans » : « Substituer à des catégories comme le sexe (...) le concept de genre (...) montre que les différences entre les hommes et les femmes ne sont pas fondées sur la nature, mais sont historiquement construites et socialement reproduites », donc parfaitement contingentes. Sous ce petit vocable, cristallisent des axiomes, des postulats qu'il serait déraisonnable de méconnaître, pour autant qu'on ait le souci de savoir de quoi l'on parle et ce que l'on fait en le faisant nôtre. On ne peut qu'être frappé par la tentative d'édulcoration des partisans mêmes du Genre. Si ces derniers se plaignent du traitement que lui réservent ses opposants, force est de constater qu'il n'est guère mieux servi par ses promoteurs qui, pour le rendre acceptable, tendent à en émousser les enjeux.

Lorsque le député de droite Christian Vanneste parle, pour le condamner assurément, du Genre comme d'« une arme pour déconstruire les identités sexuelles », n'est-il pas, je le dis sans ironie aucune, infiniment plus fidèle aux visées d'une Judith Butler, d'une Joan W. Scott ou d'un Eric Fassin que le journaliste de *Télérama* qui raille de tels propos[17] ? Lorsque ses opposants accusent le genre de nourrir le projet de mettre à bas l'ordre sexué de la société, doit-on les accuser de lui intenter un faux procès ? Ils ont peut-être tort de demeurer attachés à un modèle de société structuré selon la différence des sexes mais on ne saurait leur reprocher de trahir le sens même du chantier ouvert par le Genre et ses promoteurs. Il me suffira sur ce point de citer l'économiste Françoise Milewski, coordinatrice du programme PRESAGE de l'Institut d'études politiques de Paris : « Il faut éveiller toutes les consciences sur le fait qu'il existe un ordre sexué dans la société, déclarait-elle en 2011 dans un entretien à *L'Express* (…) Il est important de réfléchir à la façon dont on peut changer la donne. »

Contre tous ceux qui cherchent à en atténuer la portée, rendons au Genre un peu de son mordant, de son tranchant.

---

17. Erwan Desplanques, « Une polémique de mauvais genre », in *Télérama* n°3217, 10 septembre 2011.

*Genèse du Genre*

Avant de devenir un concept majeur des études féministes américaines, la notion de genre s'est forgée et imposée dans un contexte médical. Deux noms sont étroitement associés à sa genèse, ceux de John Money et de Robert Stoller. Le premier est psychologue, spécialisé dans les cas d'hermaphrodisme ou d'intersexualité, comme il convient de dire aujourd'hui. Le second est psychiatre et s'attache plus particulièrement aux cas des transsexuels. Leurs observations les conduisent respectivement à s'interroger sur le substrat biologique de l'identité sexuelle. L'un comme l'autre arrivent à la conclusion que les identités féminine et masculine sont d'abord des constructions sociales, que le biologique n'entre pour rien, ou si peu, dans le processus d'identification sexuelle. C'est dans ce contexte que Money forge la notion de genre et que tous deux y recourent. Elle est chargée de rendre compte du primat de l'éducation sur le donné naturel, autrement dit émanciper l'identité sexuelle du sexe. On naît peut-être dans un sexe, et plus exactement dans un corps sexué, mais l'on devient homme ou femme exclusivement selon l'éducation que l'on aura reçue. Au commencement est en quelque sorte la neutralité, et c'est seulement par le travail de la norme, des normes dont les parents et les éducateurs en général se font les vecteurs, que les deux sexes se constituent, se différencient. Autrement dit, on fabrique une petite fille, un petit garçon. Revenons sur le détail de cette archéologie du genre. Cette genèse on le verra, n'est pas sans ombre.

Le pionnier en ce domaine est donc John Money, psychologue et sexologue spécialisé dans le traitement des hermaphrodites ou intersexes, c'est-à-dire de ces nouveau-nés dont l'aspect des organes génitaux est incertain, contraire souvent à leur génotype, rendant impossible de les identifier comme garçon ou fille. Pour Money qui, pas plus que le reste de la société, ne concevait qu'on puisse vivre une vie viable dans cette indétermination sexuelle, il s'agissait de corriger cette anomalie, cette « erreur de la nature », ainsi qu'il l'appelait. La méthode préconisée et pratiquée par le psychologue consistait à faire sortir ces enfants de l'ambiguïté sexuelle dans laquelle ils étaient nés en décidant, avec les parents, de l'identité dans laquelle l'enfant grandirait, et, en fonction du choix, prescrivait les traitements hormonaux et les opérations chirurgicales nécessaires à cette transformation, ainsi qu'un suivi psychologique des plus stricts. Il exigeait en outre des parents une implication sans faille. Ils devaient élever leur enfant dans le plus parfait respect des normes et des codes en vigueur afin de garantir le succès du processus d'identification de l'enfant au sexe qui lui avait été attribué. Aujourd'hui contestée – les intersexes dénoncent la violence exercée à leur encontre, évoquent une atteinte à leur dignité et pour en mieux marquer la brutalité, ne parlent plus que de « réassignation sexuelle » –, la méthode hier ne faisait pas débat.

Money procède en outre systématiquement par paire, c'est-à-dire que dans chacun des cas, il compare le développement de deux hermaphrodites rigoureusement identiques sur le plan biologique mais élevés l'un comme garçon l'autre comme fille. Dès la fin des années 1940, il se convainc ainsi de la plasticité de l'identité sexuelle de naissance et du primat de l'éducation sur le donné biologique. Les cas pathologiques qui lui sont confiés lui offrent un extraordinaire terrain d'expérimentation. A partir de 1955, il introduit dans son vocabulaire la notion de « *gender* », dont la meilleure traduction est sans doute « sexe social », pour dissocier l'identité sexuelle, produit de l'éducation, du sexe dans lequel l'individu naît. Et en 1957, il publie, avec les psychiatres Joan et John Hampson, le fruit d'une étude clinique portant sur cent cinq patients hermaphrodites. Sa conclusion est sans appel. L'éducation, l'environnement social l'emportent sur les facteurs biologiques : le « sexe de socialisation », le « sexe d'élevage » (*sex of rearing*) triomphe du sexe gonadique, hormonal, chromosomique. « Le comportement sexuel ou l'orientation vers le sexe mâle ou le sexe femme n'a pas de fondement inné[18] », soutient-il encore.

Money se heurte bien, dans ses tentatives d' « assignation » ou de « réassignation » sexuelle, à quelques échecs, mais il ne vacille pas, même s'il lui arrive de former l'hypothèse d'une mystérieuse force biologique non exclusive mais malgré tout prégnante.

18. Cité par Elsa Dorlin, *Sexe, genre et sexualités*, PUF, 2008, p. 36.

Money, que d'aucuns disent plus curieux de s'instruire sur l'humaine nature que préoccupé par les éventuels tourments des intersexes, ne s'en tiendra pas là. Il ambitionnera de vérifier sa thèse d'un primat de l'éducation, du conditionnement social sur le biologique, sur des cas non pathologiques. L'occasion lui en est donnée par un couple de Canadiens, Janet et Ron Reimer, dont l'enfant, Bruce, né en 1965, se retrouve, suite à un accident de circoncision à l'âge de huit mois, avec un pénis entièrement brûlé. Money décide que la meilleure des solutions est de « réassigner » sexuellement l'enfant, de le transformer en fille. L'expérience sera d'autant plus instructive, conformément à sa méthode comparative, que Bruce a un frère jumeau monozygote, Brian. Il fait donc subir à l'enfant une castration, lui prescrit des traitements hormonaux (qu'il suivra pendant douze ans), un suivi psychologique et à vingt-deux mois, Bruce est rebaptisé Brenda. Elevé en tant que fille, du petit garçon, promet-il aux parents, il ne restera rien. La famille se soumet au protocole rigoureusement établi par le psychologue. L'enfant, ainsi que son jumeau, doit grandir dans l'ignorance parfaite de son histoire, et être soumis à un conditionnement des plus stricts (ne le vêtir que de robes, user et abuser du pronom féminin, lui offrir des poupées...). Money publie régulièrement des rapports sur « le cas John/Joan », nom sous lequel il a choisi de rendre publique son expérience, dans lesquels il s'enorgueillit du succès de la transformation du petit garçon en petite fille. « Sa mère nous a signalé, peut-on lire par exemple, qu'à cinq ans elle avait demandé en priorité des poupées et un landau pour Noël. A la différence de son frère, elle est propre et charmante, se trouve souvent de nouvelles coiffures pour ses longs cheveux et aime bien aider à la cuisine. »

Le récit de l'expérimentation conduite par John Money s'arrête là habituellement[19]. Et pourtant, les suites méritent tout autant d'être relatées – même si l'on comprend que l'on préfère les taire tant elles fragilisent, voire invalident la thèse centrale du Genre. En dépit des déclarations de Money, qui refusera toujours d'admettre son échec, Bruce Reimer n'accepta jamais son identité de fille. Alors même qu'il ignorait tout de son histoire, il ne cessa de se rebeller contre cette identité dans laquelle ses parents, obéissant scrupuleusement aux injonctions de Money, le faisaient grandir (ce que jamais il ne leur reprochera, conscient du dilemme qui avait été le leur). A l'âge de la puberté, il refusa de subir l'opération qui devait le doter d'un vagin. Il se sentait des envies suicidaires et menaça ses parents de passer à l'acte s'ils le contraignaient à poursuivre son traitement psychologique avec le docteur Money. En 1980, les Reimer finirent par révéler la vérité à leurs enfants. L'adolescent reprit alors son identité masculine, se fit appeler Bruce, et entreprit les traitements nécessaires pour retrouver sa masculinité originelle (injections de testostérone, double mastectomie, opérations multiples afin de le doter d'un pénis). En 1990, il se maria.

19. Cf. sur ce point l'ouvrage de Elsa Dorlin, *op.cit.*

Les jumeaux ne purent jamais toutefois se réconcilier avec cette sordide histoire dans laquelle ils avaient servi de cobayes. Brian se suicida en 2002 et Bruce en 2004, quelques années après s'être confié à John Colapinto qui lui consacra en 1997 un article dans le magazine *Rolling Stone* avant de publier, en 2001, *As nature made him : the boy who was raised as a girl*, écrit en étroite collaboration avec lui.

John Money traitera par le mépris le témoignage de son patient, lequel corrode l'hypothèse d'une plasticité intégrale de l'individu. Cette résistance que le donné de naissance offre aux conditionnements, y compris les plus contraignants, devrait donner à réfléchir sur les méandres de l'identification sexuelle. Et l'on ne peut que s'étonner de voir nombre de pays, à commencer par le nôtre, prendre pour fondement de leur politique éducative un postulat si fragile. D'autant que Money peut bien nier le substrat biologique de l'identité sexuelle, il n'empêche qu'il fait subir des opérations affectant les organes génitaux, prescrit des traitements hormonaux en congruence avec l'identité sexuée retenue, bref, modifie ce corps sexué dont on peut postuler qu'il n'entre pas pour rien dans la construction de soi.

Cette neutralité originelle dans laquelle il conviendrait de faire grandir nos enfants, cette indistinction, cette indétermination sexuelle qu'il faudrait leur enseigner afin de les délivrer de préjugés qualifiés de sexistes (requalification susceptible de frapper, j'y reviendrai, toute pensée de la différence des sexes) et les mettre à l'abri de toute attitude discriminante, rien ne les vérifie donc.

L'autre nom attaché à la théorisation et à la consécration de la notion de *gender* est celui de Robert Stoller. Ce psychiatre américain inscrit ses pas dans ceux de John Money mais s'intéresse plus particulièrement au cas des transsexuels, ces individus qui ont le sentiment d'appartenir au sexe opposé à celui que marquent leurs caractères sexuels donnés. Stoller est ainsi conduit à s'interroger sur les écarts possibles entre l'identité sexuelle reconnue à un individu sur la base de critères organiques et la représentation que celui-ci se fait de sa propre identité sexuée. C'est dans ce contexte qu'il s'approprie le concept de Genre, le jugeant particulièrement « opératoire ». Dans *Sex and Gender*[20], qui paraît en 1968 aux Etats-Unis, il s'en explique : les termes de sexe, de sexualité sont par trop connotés biologiquement, anatomiquement, pour pouvoir prendre en charge « d'immenses zones de comportement, de sentiments, de pensées et de fantasmes qui ont rapport aux sexes, et n'ont pourtant pas essentiellement de connotations biologiques. C'est pour certains de ces phénomènes psychologiques que le terme de genre sera employé[21] ». Plus loin, il précise encore : « Alors que sexe et genre

---

20. L'ouvrage de Stoller sera publié en France par Gallimard en 1978 mais, significativement, sous le titre *Recherches sur l'identité sexuelle à partir du transsexualisme.*

21. *Ibid.*, p. 12.

semblent être pratiquement synonymes pour le sens commun et, dans la vie de tous les jours être inextricablement liés, l'un des buts de ce travail sera de confirmer le fait que les deux domaines (sexe et genre) ne sont pas dans une relation de symétrie, mais peuvent suivre des voies totalement indépendantes[22]. »

Du sexe de naissance à la perception de soi comme homme ou femme, la conséquence n'est pas nécessairement bonne. Des cas cliniques qu'il a pu observer et analyser, Stoller conclut : « Les aspects de la sexualité que l'on appelle le genre sont essentiellement déterminés par la culture, c'est-à-dire, appris après la naissance[23]. » La mère est le premier vecteur des normes de la société, relayée ensuite par le père, les frères et sœurs, les amis, les relations sociales. « L'identité de genre est essentiellement apprise », conclut-il.

La problématique du genre telle que nous la connaissons aujourd'hui était bien née. Mais il n'est pas indifférent que ce soit dans le laboratoire d'équipes médicales spécialisées dans le traitement d'enfants nés hermaphrodites et la prise en charge de transsexuels que le concept de genre ait été forgé. A partir de ces troubles de l'identification de sexe ou de genre, de ces cas pathologiques, marginaux, des conclusions censées valoir universellement seront tirées. L'exception fondera la règle. Et c'est toujours à ces exemples qu'aujourd'hui encore les

22. *Ibid.*
23. *Ibid.*, p. 15.

partisans du genre reviennent non pas pour interroger la norme mais la faire voler en éclats.

C'est au début des années 1970 que la notion de Genre est introduite dans le champ des études féministes. La sociologue britannique Ann Oakley, consciente de sa portée critique, est la première à l'adopter. En 1972, elle publie un ouvrage précisément intitulé *Sex, Gender and Society*, léguant aux sciences humaines et sociales ce couple de notions sexe/genre qu'elle emprunte expressément à John Money et Robert Stoller : « Le mot "sexe", explicite-t-elle, se réfère aux différences biologiques entre mâles et femelles : à la différence visible entre leurs organes génitaux et à la différence corrélative entre leurs fonctions procréatrices. Le "genre", lui, est une question de culture : il se réfère à la classification sociale en "masculin" et "féminin". » Sous la notion de Genre cristallise ainsi la thèse soutenue par Simone de Beauvoir dès 1949 dans *Le Deuxième Sexe* et que résume la célèbre formule : « On ne naît pas femme : on le devient. » Je reviendrai sur cette filiation, revendiquée par les philosophes du Genre.

Les féministes reconnaissent d'emblée à ce concept des vertus heuristiques pour la condition de la femme, partant des potentialités émancipatrices. Si la nature n'entre pour rien dans l'identité des hommes et des femmes, alors c'est l'autorité même du principe sur lequel reposent les sociétés qui s'érode. C'est en effet en référence à leur nature respective que la société a distribué aux hommes et aux femmes leurs rôles, leurs fonctions, leurs qualités, a confiné les unes au foyer, a voué les autres à la vie active, aux affaires communes. Or, si la nature ne dicte rien, si l'homme et la femme sont de pures constructions sociales, alors la femme doit non seulement être reconnue comme l'égale de l'homme mais aucun rôle ne lui doit être assigné, elle doit pouvoir prétendre aux mêmes fonctions, aux mêmes responsabilités que les hommes. La société ne peut plus se dérober, elle est responsable : c'est à elle de répondre des inégalités qu'elle sécrète et légitime. Tel est le raisonnement qui préside à la conscience féministe.

Ainsi, entre les mains des militantes américaines de la cause des femmes, la notion de Genre acquiert de nouvelles harmoniques, belliqueuses à présent : elle ne désigne plus simplement le « sexe social » par opposition au sexe biologique, anatomique, niant toute continuité entre eux, mais postule que ces identités « genrées », ce féminin et ce masculin qui n'ont donc rien de naturel, ont été construites selon le principe exclusif de la domination. Le genre est une notion sédimentée, c'est là sa deuxième state.

Le féminin et le masculin étant de purs produits de la société, n'existant pas en soi, ils ne sauraient être pensés en eux-mêmes, postule le genre. Seuls les rapports sociaux de sexe peuvent être étudiés. La femme n'a pas, à proprement parler, de réalité en soi puisqu'elle est une construction qui varie selon le temps et le lieu. L'identité féminine est un produit de la « matrice idéologique hétérosexuelle ».

Comme le Juif chez Sartre, la femme n'existe que dans et par le regard de l'autre.

Le genre puise son inspiration à d'autres sources philosophiques que celle de Beauvoir : la lecture des travaux de Michel Foucault et de Jacques Derrida est déterminante. Du premier, pour dire les choses rapidement et réduire la pensée de l'auteur de *Surveiller et Punir* à la vulgate qui l'a annexée, les penseurs du genre retiennent la thèse d'un pouvoir qui n'est pas la prérogative de l'Etat mais se diffracte en « micro-pouvoirs » irriguant le corps social et animé d'une volonté farouche de normalisation. Le pouvoir n'apparaît pas seulement comme oppresseur – et même, il s'impose d'autant mieux qu'il ne se fait pas sentir –, mais producteur : il produit des effets et se mesure proportionnellement à eux. La différence des sexes est un des moyens par lesquels ces « micro-pouvoirs » s'exercent : elle fut, elle est, pour beaucoup encore, l'instrument perfide de domination des femmes… et des minorités sexuelles. Car le responsable ici ce n'est pas seulement l'homme, c'est le mâle hétérosexuel.

Avec le concept de déconstruction, Jacques Derrida leur ouvre un nouveau chantier épistémologique. Le terme de « déconstruction » est désormais galvaudé mais il reçoit chez Derrida un sens rigoureux. Le réel n'a pas de réalité en dehors des mots, des discours que l'on tient sur lui. Il n'est qu'un effet de ce discours. Chaque groupe humain s'invente en se mettant en forme et en scène dans un récit. Le discours crée le réel et c'est par lui que les choses existent, ou n'existent pas d'ailleurs. En sorte que déconstruire signifie d'abord déconstruire ces récits, c'est-à-dire les faire apparaître pour ce qu'ils sont à savoir des fictions, « écrites » par les dominants – les dominés étant, eux, par définition, privés de parole –, et révéler du même coup les enjeux de domination et de pouvoir qui les structurent. Comme nous ne sortons pas du langage, déconstruire implique donc moins détruire, au sens premier du mot, une réalité que de substituer un discours à un autre discours.

Le Genre emprunte ainsi sa méthode à Jacques Derrida et étend au sexe son entreprise de déconstruction. Cette différence des sexes traditionnellement tenue pour fondée en nature, le Genre la fait apparaître comme artifice façonné par les discours. Il n'y a ni homme ni femme, il n'y a que des discours sur le masculin et le féminin que les individus s'approprient en fonction de leur équipement génital. « Le genre, ainsi que le résume Elsa Dorlin, n'est pas un fait, un donné, c'est un ensemble de pratiques disciplinaires, mais aussi d'actes discursifs (...) qui s'effectuent[24]. »

On comprend la traque sans merci dirigée contre la pensée de la différence des sexes, la vigilance sémantique qui s'exerce sans relâche puisque c'est d'abord par là que l'on déferra ce qui a été fait. Le Genre ambitionne donc de nous fournir les instruments théoriques pour déconstruire la façon dont les sociétés occidentales ont conçu la

24. *Sexe, genre et sexualités*, *op. cit.*, p. 120.

différence des sexes, et ce qu'elles ont édifié sur ce qui ne se révèle finalement que « fiction », faisant de la « matrice hétérosexuelle », selon la formule de Judith Butler, le fondement de nos sociétés. Il s'agit de démasquer le genre comme rapport social, c'est-à-dire comme construction et comme domination, démystifier la fable de l'homme et de la femme comme deux êtres insubstituables et se désirant l'un l'autre, mythe d'une hétérosexualité naturelle – mythe peut-être, mais il n'en reste pas moins que la nature ne s'y prend pas autrement pour donner la vie.

Au binôme sexe et genre, il convient d'ajouter un troisième terme, la sexualité ou plutôt, pour parler l'idiome du genre, l'orientation sexuelle. Contrairement à ce que la société tente de nous inculquer, aucune continuité ne doit être postulée entre le genre, l'identité sociale enregistrée à l'état civil, et la sexualité. La théorie du Genre distingue trois niveaux de l'identité sexuelle, le sexe de naissance, c'est-à-dire le sexe biologique, anatomique dans lequel chacun naît ; le sexe social, le genre à proprement parler, c'est-à-dire l'identité sexuelle que la société au sens large, depuis les parents jusqu'à l'Etat, impatiente de classifier, attache aux individus, leur « assigne » ; et la sexualité ou l'orientation sexuelle, question purement personnelle mais dans laquelle la société a réussi à s'immiscer en faisant de l'hétérosexualité la norme. De là le prestige qui s'attache à la figure de l'homosexuel, lequel aurait vaillamment brisé cette sorte d'enchaînement causal qui conduisait inéluctablement du sexe (de naissance, biologique) au genre (homme/femme) et à la sexualité (désir de l'autre sexe). L'objectif des théoriciens du Genre est de démêler cet écheveau habilement tissé par les sociétés traditionnelles pour mieux nous maîtriser, selon eux. Pour ce faire, reste à parachever la dénaturalisation de l'identité sexuée commencée par le féminisme, et à entreprendre la dénaturalisation de l'identité sexuelle. L'hétérosexualité devrait alors apparaître pour ce qu'elle est, toujours conformément au dogme, une pure construction dépourvue de tout fondement dans la nature.

Ce premier exposé ne dessine que le cadre dans lequel s'inscrit la théorie du genre. Je voudrais à présent en faire ressortir les points saillants. Afin de prendre la mesure de la nouveauté, de la radicalité du genre, un détour par Simone de Beauvoir s'impose.

## *De Beauvoir au Genre*

La dissociation, la scission nature/culture, et sa coalescence dans le binôme sexe/genre, les *Gender studies* ne l'inventent pas ainsi qu'on l'a vu, elle apparaît dans le laboratoire des psychologues américains John Money et Robert Stoller mais c'est chez Simone de Beauvoir qu'elle trouve en somme, bien que le mot n'apparaisse jamais sous la plume de l'auteur du *Deuxième Sexe*, sa première formulation philosophique.

Le Genre se reconnaît une filiation avec Simone de Beauvoir. Elle est incontestable. Dans l'histoire du féminisme, Beauvoir est la première à proposer une interprétation exclusivement historique de la féminité. « On ne naît pas femme : on le devient », cette formule qui fera mouche ouvre la partie « Enfance » du second volume du *Deuxième Sexe.* Beauvoir en précise d'emblée l'enjeu : « Aucun destin biologique, psychique, économique ne définit la figure que revêt au sein de la société la femelle humaine ; c'est l'ensemble de la civilisation qui élabore ce produit intermédiaire entre le mâle et le castrat qu'on qualifie de féminin[25]. » Ici, Beauvoir postule une historicité intégrale de la différence des sexes. Dès son introduction, elle avait pris soin de prévenir tout malentendu : « Quand j'emploie les mots "femme" ou "féminin" je ne me réfère évidemment à aucun archétype, à aucune immuable essence ; après la plupart de mes affirmations il faut sous-entendre "dans l'état actuel de l'éducation et des mœurs". » Et régulièrement, tout au long de son œuvre, Beauvoir prendra soin de rappeler son credo : « Dans la collectivité humaine rien n'est naturel (…) la femme est un produit élaboré par la civilisation. »

C'est d'abord en ce sens que la publication en 1949 du *Deuxième Sexe* a marqué un avant et un après. Lorsque Simone de Beauvoir publie son « gros ouvrage, livre par lequel la face du monde

25. Simone de Beauvoir, *Le Deuxième Sexe II,* Gallimard, Folio essais, 1949, renouvelé en 1976.

en a été changée», ainsi que l'évoque Danièle Sallenave, la protestation des femmes contre leur condition a déjà une longue histoire, « une histoire riche, passionnante, marquée d'échecs et de terribles drames, chargée de figures et de mots – comme celui d'Olympe de Gouges réclamant le droit de vote des femmes puisqu'on les jugeait bien dignes de la guillotine ! », mais « avec *Le Deuxième Sexe*, tout change : à des revendications éparses ce livre va donner de l'unité et de l'éclat, et surtout fournir un substrat philosophique, un appui conceptuel[26] ».

En effet, et c'est bien ce substrat philosophique qui mérite d'être rappelé et interrogé car le genre s'est chargé au fond de le pousser à ses conséquences ultimes.

Revenons sur la retentissante formule « on ne naît pas femme : on le devient». On ne saurait en nier les vertus émancipatrices. Simone de Beauvoir proclame à la face du monde que le destin des femmes n'est pas scellé par leur anatomie. Pour elles aussi, « l'existence précède l'essence ».

Beauvoir s'inscrit dans la droite ligne de l'existentialisme sartrien, même si l'on peut penser qu'elle y vient par sa propre voie. Elle rencontre Sartre plutôt qu'elle ne le suit. On trouve chez l'auteur du *Deuxième Sexe* un même élan que chez celui de *L'Etre et le Néant*, un même hyperbolisme de la liberté dont les femmes ont incontestablement bénéficié. La

26. Danièle Sallenave, *Castor de guerre*, Gallimard, 2008, p. 342.

philosophie de Sartre recèle en effet et nous lègue une noble idée de l'homme, d'autant plus précieuse qu'elle fait contrepoids à l'influence toujours impérieuse des sciences humaines et sociales. Sartre sauve ce que sociologie, psychanalyse, linguistique ont pris d'assaut, la liberté, la capacité de l'homme à s'extraire de tous les déterminismes, à les mettre entre parenthèses. Mais Sartre pèche par sa radicalité, il ne fait aucun droit au donné de l'existence : le philosophe ne nous laisse pas le choix, c'est l'être *ou* le néant, l'essence *ou* l'existence, la nature *ou* l'Histoire, la naissance *ou* le devenir… Beauvoir prend, ainsi, avec lui, le parti du néant contre l'être, le néant de l'invention de soi contre l'être d'un donné. Et rend du même coup inconcevable le moindre sentiment de gratitude.

Beauvoir a soustrait les femmes à l'empire de la nature, de cette nature qui avait si souvent servi de prétexte à leur subordination, à leur relégation dans des tâches subalternes – subalternes ? Cela reste à voir d'ailleurs, j'y reviendrai –, mais en tout cas leur barrait l'accès à des sphères de l'existence auxquelles elles pouvaient légitimement prétendre. Non seulement la vocation de la femme n'est pas épuisée par son rôle de mère, d'épouse, d'amante, mais pour Beauvoir, « la mère, l'épouse, l'amante sont des geôlières ». Et c'est précisément de cette prison qu'elle leur promet l'évasion. Désormais la société ne pourra plus invoquer la nature pour les assigner à résidence, mais les femmes ne pourront pas non plus se dérober à leur liberté – le féminisme de Beauvoir est un féminisme de la responsabilité et non de la victimisation. Les femmes sont ainsi rendues à cette imputabilité, selon le mot de Ricœur, qui définit l'homme en tant qu'homme.

Le masculin et le féminin sont donc des catégories sociales. La femme, pas plus que l'homme du reste, n'existe pour l'auteur du *Deuxième Sexe.* « J'allai faire mes lectures à la Nationale et j'étudiai les mythes de la féminité », écrira-t-elle dans *La Force des choses.* « De là à dire, observe Danièle Sallenave, que la "féminité" est un mythe, en tout cas une construction, il n'y a qu'un pas. Qu'elle franchira[27]. » Qu'elle franchira ? Peut-être, mais pas assez franchement, aux yeux des féministes du Genre. De fait, la formule qui se gravera dans les mémoires était susceptible d'une interprétation *a minima,* comprise comme émancipation à l'égard de la nature, et non sa négation. Et c'est ainsi qu'elle le fut dans notre pays. La déconstruction du féminin, au sens rigoureux du terme, non moins que l'indifférenciation des sexes comme horizon se trouvent certes déjà dans *Le Deuxième Sexe,* mais il appartient au féminisme américain de l'accomplir. Beauvoir au fond serait restée comme en retrait de ses propres intuitions : pourquoi devenir une femme, si le sexe ne détermine absolument rien ? Nous ayant appris que l'on ne devient femme que « sous la contrainte, l'obligation culturelle d'en devenir une[28] », c'est à cette obligation qu'il convient désormais de déroger. Si

27. *Ibid.*, p. 310.
28. Judith Butler, *Trouble dans le genre, op. cit.*, p. 71.

l'on ne naît pas femme alors rien ne nous astreint à le devenir. Telle est la leçon, d'une extrême cohérence, que Judith Butler reçoit de l'auteur du *Deuxième Sexe.* Emancipé de ce butoir qu'est la nature, le champ des possibles s'ouvre à nous. Beauvoir nous a libérés de la nature, le genre nous affranchira et de la nature et de la culture. Chacun inventera, autant que faire se peut, son identité sexuée et sexuelle. Le domaine de la lutte s'étend à la sexualité : la dénaturalisation ne saurait concerner que le genre. Beauvoir n'a donc fait que la moitié du chemin.

Au reste, le lecteur attentif ne laisse-t-il pas de la surprendre en flagrant délit de contradiction ? Elle qui a proclamé qu'on ne naissait pas femme, et donc qu'on ne l'était pas, recommande à ses semblables de ne pas se laisser captiver par le souci de leur féminité : « elles y gagneraient du naturel, de la simplicité » et de poursuivre, « elles se retrouveraient femmes sans tant de peine puisque, après tout, elles le sont ». Elle qui a donné congé à la nature est non moins forcée de la convoquer lorsqu'elle aborde au continent de l'érotisme féminin : « L'homme peut facilement connaître des étreintes sans lendemain qui suffisent à la rigueur à calmer sa chair et à le détendre moralement », il peut « dissocier crûment l'érotisme et le sentiment, la chair et la conscience ». La femme, elle, « est rarement tout à fait sincère quand elle prétend n'envisager qu'une aventure sans lendemain tout en escomptant le plaisir, car le plaisir, loin de la délivrer, l'attache ; une séparation, fût-elle soi-disant à l'amiable, la blesse. »

Les exégètes de Beauvoir attribuent ces « scories naturalistes et sexistes[29] », qui émaillent *Le Deuxième Sexe*[30] à son statut de pionnière : « Il s'agit d'une lutte, d'un corps à corps toujours nécessaire, dont il est rare de sortir totalement victorieuse et peut-être toute pensée subversive reste emprisonnée en quelque sorte dans l'idéologie dominante qu'elle combat pourtant[31]. »

Qu'il nous soit permis d'imaginer qu'ici la théoricienne se laisse rattraper par la femme, la femme incarnée, concrète, qui sait que sa féminité ne lui est pas une étiquette accolée par la société mais quelque chose de plus essentiel, qui la constitue. Et d'ailleurs, n'écrira-t-elle pas dans la *Force des choses*,

---

29. Sylvie Chaperon, « Simone de Beauvoir, entre le naturalisme et l'universalisme, entre le sexisme et le féminisme », in Ephesia, *La Place des femmes. Les enjeux de l'identité et de l'égalité au regard des sciences sociales*, La Découverte, 1995, p. 347.

30. Notons au passage, pour la saveur du propos, que Sartre n'est pas à l'abri de telles chutes. Ainsi l'auteur des *Mots* est-il conduit, dans une de ces magnifiques pages qui composent un livre pourtant inspiré par le ressentiment, à faire de la fidélité à soi *à travers le temps* une disposition plus féminine que masculine. « Des amis s'étonnaient quand j'avais trente ans : "On dirait que vous n'avez pas eu de parents. Ni d'enfance." Et j'avais la sottise d'être flatté. J'aime et je respecte, pourtant, l'humble et tenace fidélité que certaines gens – des femmes surtout – gardent à leurs goûts, à leurs désirs, à leurs anciennes entreprises, aux fêtes disparues, j'admire leur volonté de rester les mêmes au milieu du changement, de sauver leur mémoire, d'emporter dans la mort une première poupée, une dent de lait, un premier amour. »

31. Sylvie Chaperon, *op. cit.*, p. 350.

«Je sais aujourd'hui que pour me décrire je dois dire d'abord : "Je suis une femme"; mais ma féminité n'a constitué pour moi ni une gêne, ni un alibi. De toute façon, elle est une des données de mon histoire, non une explication». Une donnée, non une explication... profonde et féconde distinction dont le genre n'a pas la moindre intuition.

### *Une identité sexuée et sexuelle sans sexe*

On lit fréquemment que, pour le Genre, les identités masculine et féminine ne résultent pas seulement de données naturelles mais *aussi* de constructions sociales et culturelles qui doivent être historicisées. C'est manquer de rigueur. Le Genre est autrement radical : il postule que l'identité sexuelle n'emprunte strictement *rien* à la nature. Entre la naissance et le devenir, il n'établit aucune continuité. Judith Butler est on ne peut plus explicite sur ce point : la distinction sexe/genre «implique, écrit l'auteur de *Trouble dans le genre*, une discontinuité radicale entre le sexe du corps et les genres culturellement construits[32]». Le terme de genre est d'ailleurs précisément chargé de graver dans le marbre cette scission. A réalités distinctes, termes distincts. On attribue généralement cette thèse à la version *queer* du Genre mais en réalité la part du donné naturel est dans tout ce champ de recherche si bien niée qu'elle ne saurait lui être réservée.

32. Judith Butler, *Trouble dans le genre*, *op. cit.*, p. 67.

« Etre une femme, ou un homme du reste, n'est pas un fait de nature, mais de culture[33] », affirme ainsi – et on ne saurait être plus clair – le sociologue Eric Fassin. Pour le Genre, le féminin et le masculin sont ainsi de part en part construits, sans étayage dans le donné naturel, doivent tout à la culture, à la société, à l'histoire. Il n'y a pas de faits, que des interprétations, des représentations. Si lisant Homère, Racine, Balzac ou Jane Austen, le lecteur se trouve dévoilé, révélé dans son être sexué, ce ne peut être que mystification.

Et lorsque les études féministes américaines s'approprient dans les années 1970 la notion de genre et en font le vecteur de leur critique de la société, ce sont bien les vertus qu'elles lui reconnaissent implicitement. L'objectif est clairement de dégager les catégories d'homme et de femme d'une vision naturaliste, de couper le cordon ombilical entre le sexe anatomique, physiologique et l'identité sexuelle. On naît de sexe masculin ou de sexe féminin, mais ce que l'on devient ne peut en aucune façon être référé à ce donné de naissance. La persistance des codes à travers le temps ne doit pas faire illusion et fortifier l'hypothèse d'un fondement naturel. Cette continuité historique ne s'explique que par le conformisme et les techniques rodées de reproduction sociale dont les élites ont la maîtrise. Du fait de cette non-adéquation du sexe et du genre, les études sur le Genre s'attachent moins aux femmes

33. Eric Fassin, *Le genre aux Etats-Unis et en France*, Agora Débats/Jeunesse, Année 2006, vol. 41, p. 14.

qu'au féminin, c'est-à-dire aux significations historiquement associées aux femmes.

Le Genre ne conteste donc pas la réalité d'une différence des sexes sur le plan anatomique, biologique, physiologique mais postule qu'elle demeure sans incidence anthropologique. Lorsqu'on accuse la théorie du genre de vouloir abolir la différence des sexes, ses promoteurs ont beau jeu de protester : « Rien ne serait plus absurde », s'offusque ainsi un Vincent Peillon ou se récrie une Najat Vallaud-Belkacem. Sauf qu'en utilisant le terme même de genre, ils font allégeance à une doctrine qui nie bel et bien la différence de l'homme et de la femme en tant que réalités existentielles insubstituables l'une à l'autre. Pour le genre et ses thuriféraires, la neutralité est originaire. Et il appartiendrait à la société de produire, en série, des hommes et des femmes. Si altérité il y a, elle n'est pas sexuée. Les différences sont strictement individuelles.

C'est cette radicalité qui singularise le genre et lui ouvre un chantier inédit, légitime l'entreprise de déconstruction dans laquelle ses promoteurs entendent nous entraîner (si tout est « fait » alors tout peut être « défait »). Car dès 1935, les travaux de l'ethnologue Margaret Mead, notamment *Mœurs et sexualité en Océanie,* obligent à mettre en question la thèse strictement naturaliste qui prévaut alors dans les sciences. Elle fait apparaître le facteur culturel qui entre dans la construction des identités sexuées et des rapports de sexes mais sans rompre le lien avec la nature. Celle-ci reste le support de l'interprétation. Si le féminin et le masculin se disent en plusieurs sens, selon les civilisations, il n'est en revanche de civilisation qui ne se soit bâtie sur ce donné de la condition humaine. Les études sur le Genre se réclament volontiers des travaux de l'ethnologue américaine mais cette filiation me semble usurpée. Il entre beaucoup plus de sagesse, de sens des limites dans l'inspiration de l'auteur de *L'un et l'autre sexe.* Jamais elle ne dégage les catégories d'homme et de femme d'un étayage dans la nature, qui borne les « constructions » humaines. Si Margaret Mead, dont l'ouvrage paraît la même année que *Le Deuxième Sexe*, fait apparaître la part de construit dans l'identité sexuelle – nous *apprenons* à être homme ou à être femme –, jamais elle ne l'affranchit de toute référence à un donné naturel qui ne s'épuise pas dans la différence anatomique, physiologique.

L'originalité du Genre ne se trouve donc pas dans l'affirmation de l'historicité du masculin et du féminin mais dans les conclusions qu'il en tire. Le masculin et le féminin n'existent qu'en tant que normes sociales. La différence sexuelle, la dichotomie, pour ne rien dire de l'asymétrie du masculin et du féminin, n'ont aucun étayage de la nature, elles sont de pures fictions héritées des siècles, destinées à assujettir les femmes et les minorités sexuelles. Historiciser ces catégories, afin de les relativiser et leur faire perdre toute autorité, tel est l'objectif. Le masculin et le féminin, en tant que constructions, deviennent en outre des catégories asexuées. Chacun peut donc se les approprier, indépendamment de son sexe de naissance. Les qualités, les dispositions que nous attachons traditionnellement et respectivement à chacun des sexes sont purement nominales.

Aussi offensant pour l'expérience commune, aussi caricatural que cela puisse paraître, je ne crois pas trahir le Genre en résumant les choses ainsi : au commencement, il n'y a ni homme ni femme, tout au plus, un mâle et une femelle. C'est par un excès de langage, un abus de pouvoir qu'on déclare qu'un garçon ou une fille nous est né(e). Ces catégories sont des catégories sociales par lesquelles, dès la naissance, la société anticipe sur l'identité du nouveau venu et scelle son destin. Selon le sexe dans lequel vous naissez, la société vous accole d'emblée une étiquette et de là vous impose une identité, exige que vous obéissiez à ses normes, que vous vous conformiez à ses attentes : tels ou tels comportements, telles ou telles qualités, telles ou telles vertus, telles ou telles dispositions et surtout telle ou telle sexualité. Et personne n'ose y déroger puisque ces normes sont réputées naturelles.

Tout se passe donc comme si, dès le premier jour de sa vie, que dis-je, dès avant sa naissance même, au cinquième mois de la grossesse, lorsqu'à la faveur de l'échographie, l'obstétricien déclare : « C'est une fille, c'est un garçon que vous attendez », dès ce moment là donc, le piège se referme sur l'individu. La parole du médecin ne saurait se prétendre descriptive, elle fabrique une réalité, elle est, pour Butler se réclamant plus ou moins abusivement des travaux du philosophe du langage John Austin, performative : *elle fait ce qu'elle dit, elle produit ce qu'elle nomme.* Né libre, neutre, indéterminé, déjà l'individu est dans les fers.

Ce que Judith Butler appelle l'*identité genrée* aurait opéré jusqu'à récemment, jusqu'à ce que le genre nous dessille les yeux, insidieusement. Nous avons cru à cette continuité du sexe à l'identité. La supercherie, la mystification a consisté à faire accroire à un fondement naturel de cette assignation, de cette « immatriculation » et ce, qui plus est, selon un mode binaire (masculin, féminin). Comme s'il n'y avait que deux genres, deux identités sexuées et dès lors qu'une sexualité ! La notion de genre s'est imposée pour dénaturaliser les identités sexuées, or, en continuant de penser le genre sous le double registre du masculin et du féminin, nous témoignons de notre impuissance à nous libérer véritablement de la nature. « Supposer que le genre est un système binaire revient toujours à admettre le rapport mimétique entre le genre et le sexe », dénonce Judith Butler[34]. Le processus de dénaturalisation demeure inachevé.

Si du sexe (biologique) au genre (fait social), la conséquence n'est pas bonne, pourquoi s'en tenir à deux genres ? Rien ne nous autorise, pour l'auteur de *Trouble dans le genre*, à penser que le genre devrait être ainsi borné[35]. Il nous faut admettre que le masculin et le féminin « n'épuisent pas le champ sémantique du genre[36] », apprendre à compter

34. Judith Butler, *Trouble dans le genre, op. cit.*, p. 68.

35. *Ibid.*, p. 67.

36. Judith Butler, « Faire et défaire le genre », conférence prononcée à l'université Paris X-Nanterre, 25 mai 2004.

au-delà, bien au-delà du chiffre deux, s'ouvrir à toutes les combinaisons possibles. Certains pays, nous l'avons vu, font allégeance à cette injonction en reconnaissant l'existence d'un troisième genre, en permettant à chacun de s'enregistrer à l'état civil, comme neutre. Facebook va plus loin encore puisque le réseau social propose à ses membres une quarantaine d'options pour définir leur identité sexuelle.

Notons, au passage, que même au niveau du seul sexe biologique, le scénario serait autrement compliqué. « La morphologie et la constitution des corps *paraissent* confirmer l'existence de deux et seulement deux sexes (ce qu'on viendra à questionner plus loin) », apparence dont Butler ne sera pas longtemps dupe, ainsi qu'elle l'annonce. Le pionnier en ce domaine est l'historien américain Thomas Laqueur qui, dans *La Fabrique du sexe*[37], date de la fin du XVII^e^, du début du XVIII^e^ siècle l'invention du modèle des deux sexes, avec pour effet de biologiser le « genre », l'identité sexuelle sociale. Jusque-là aurait prévalu, depuis l'Antiquité, le modèle d'un sexe unique. Les organes masculins et féminins étaient pensés comme identiques, à cette différence près que ceux des hommes sont à l'extérieur, ceux des femmes à l'intérieur. Depuis lors, les travaux se multiplient pour délivrer le sens commun de cette fausse évidence. Ainsi, Anne Fausto-Sterling, biologiste américaine engagée dans les recherches sur

37. *Making Sex* paraît en 1990 aux Etats-Unis. *La Fabrique du sexe. Essai sur le corps et le genre en Occident*, Gallimard, 1992.

le Genre, y travaille sans relâche depuis son article de 1993 : « Les cinq sexes : Pourquoi mâles et femelles ne suffisent pas ». Dans *Corps en tous genres*, elle entend ainsi faire apparaître que la dualité des sexes ne relève pas l'épreuve de la science. Mais sur quels cas s'appuie-t-elle pour décréter caduque cette représentation d'une humanité sexuée, c'est-à-dire, selon l'étymologie même du mot, coupée en deux ? Le cas des intersexes dont l'exemple attesterait que la dualité mâle/femelle n'épuise pas la variété des combinaisons possibles, prouvant que les différents niveaux biologiques (chromosomique, hormonal, organes génitaux visibles à l'œil nu, gonades) peuvent se contredire et créer des sexes qui se dérobent à cette classification duelle.

La persistance du binôme homme/femme, masculin/féminin est donc le reliquat d'une pensée naturaliste et conforte, c'est là le vrai nerf de la guerre, la suprématie de l'hétérosexualité. Ce dernier point ressort clairement de l'autre exemple que donne Judith Butler du pouvoir performatif qu'elle attribue aux mots de la tribu et dont l'obstétricien se faisait plus haut le complice : « Quelqu'un pourrait me dire : n'est-il pas vrai que certains corps vont chez le gynécologue, alors que ce n'est pas le cas d'autres corps ? » – on ne manque pas d'être frappé par le caractère infantile du discours. Certes, admet Butler. Mais d'où vient cette asymétrie ? Non de la nature, ni de la différence anatomique des corps. « Il est possible de dire que c'est parce qu'une personne est d'un sexe donné qu'elle se rend chez le gynécologue (...) mais il est possible aussi de dire que c'est le fait même de se rendre chez le gynécologue qui produit le "sexe"[38]. »

L'exemple n'est pas pris au hasard, le gynécologue ne verrait dans la femme que la génitrice. En sorte que se rendre chez ce spécialiste, ce n'est pas seulement s'identifier comme femme mais s'accepter comme procréatrice et par conséquent comme hétérosexuelle. Se définir comme homme ou femme, c'est faire allégeance non seulement à une normativité sociale du masculin et du féminin, mais à une normativité sexuelle. Les notions d'homme et de femme n'ont de sens, et c'est un point sur lequel s'accordent les penseurs du Genre, que dans le cadre de la « matrice hétérosexuelle ». Le combat féministe change de cible, il vise moins le sexisme, la domination masculine que l'hétérosexisme. Judith Butler l'établit sans détour : « *Trouble dans le genre* est une critique de l'hétérosexualité obligatoire au sein du féminisme et c'est aux féministes que je m'adressais[39]. » Semer le trouble dans le genre pour le provoquer dans l'ordre de la sexualité. Parachever le travail de dénaturalisation du genre d'abord, afin d'ouvrir un autre chantier, celui de la dénaturalisation de la sexualité.

L'idéal serait de donner congé à ces deux catégories qui, pensées comme complémentaires, fondent le primat du désir de l'autre sexe et non du même. Que les deux protagonistes originaires,

---

38. Judith Butler, *Humain, inhumain. Le travail critique des normes, op. cit.*, pp. 18-19.
39. *Ibid.*, p. 13.

l'homme et la femme, s'abolissent en tant qu'entités distinctes, pour n'être plus que des rôles dans lesquels se fondre à loisir, et c'est toute la fiction de l'hétérosexualité qui s'éboule[40]. Monique Wittig avait tôt préconisé, afin de mettre un terme à la « violence des désignations », de bannir de notre vocabulaire les notions d'homme et de femme compromises donc avec la norme hétérosexuelle – ce que font, soit dit en passant, les crèches suédoises qui ont banni l'usage des pronoms personnels masculin et féminin au profit d'un terme forgé de toutes pièces, « hen », équivalent du neutre. De fait, si la femme et l'hétérosexualité sont des « mythes » ainsi que les y réduit le Genre, il entre plus de cohérence dans la démarche d'une Monique Wittig qui proclame que « les lesbiennes ne sont pas des femmes » et refuse de se ranger parmi les féministes, coupables à ses yeux, en défendant la cause des « femmes », d'entretenir cette mythologie. « La lesbienne n'est pas une femme puisqu'elle ne se conforme pas aux exigences de la matrice hétérosexuelle qui définit la féminité », ainsi que le résume Eric Fassin[41]. Les féministes sont prises en effet dans une contradiction. « En considérant que le sujet politique du féminisme, "Nous, les femmes", est un préalable à toute action, le féminisme, explique Elsa Dorlin, performe une identité forclose – contraignante bien que socialement construite – qui répète et réitère un agent qui loin de mettre à mal les normes dominantes en confirme

40. Judith Butler, *Trouble dans le genre*, *op. cit.*, p. 273.
41. Préface à *Trouble dans le genre*, p. 17.

la pertinence et l'intelligibilité, telle que définie par la matrice hétérosexuelle et raciale[42]. »

Judith Butler admire la détermination de cette militante française du dépassement des genres, mais elle ne s'en sent pas capable. Dans une envolée lyrique qui prêterait à rire si ses lecteurs et ses exégètes ne la prenaient pas tant au sérieux, Butler nous dépeint l'autoflagellation qu'elle s'inflige en acceptant cet étiquetage : lorsqu'on lui demande si elle est un homme ou une femme, Butler répond : « Je *suis* une femme », mais intérieurement : « Je me dis : "tu dois le dire ; tu utilises ce langage ; tu es salie par ce langage ; tu sais que tu mens ; tu sais que c'est faux, mais tu l'utilises tout de même"[43]. »

## *Deux sexes, combien de genres ?*

A défaut donc de biffer d'un coup de plume rageur ces catégories du masculin et du féminin, le genre propose d'en brouiller les significations. La distinction entre le sexe et le genre « qui visait d'abord à réfuter l'idée de la "biologie comme destin" permet de soutenir, selon Judith Butler, que le genre est culturellement construit indépendamment de l'irréductibilité biologique qui semble attachée au sexe : c'est pourquoi le genre n'est ni la conséquence directe du sexe ni aussi fixe que ce dernier ne le paraît[44]. » Une

42. *Sexe, genre et sexualités*, *op. cit.*, p. 128.
43. *Trouble dans le genre*, *op. cit.*, p. 112.
44. *Ibid.*, p. 67.

fois le genre réduit à un fait de culture, les significations que nous attachons au masculin et au féminin doivent perdre le caractère prescriptif, normatif dont elles pouvaient encore se parer lorsque nous les pensions fondées en nature. Ces catégories du masculin et du féminin pensées, vécues comme deux réalités distinctes nous enchaînent, nous limitent. Le Genre, et notamment Judith Butler, ne pense pas que nous puissions sortir de l' « être genré » – nous sommes condamnés à la vie en société et la société n'aurait, c'est bien connu, d'autre passion que de classer, ficher, bref surveiller et bientôt punir – mais, le Genre n'étant qu'un rôle que nous jouons, il nous appartient d'en compliquer le jeu, de vriller ces codes, ces normes dont nous héritons, de les mélanger, les mêler, les emmêler (*gender blending*). Jusqu'à présent, le grand metteur en scène a été la société, il est temps, grand temps que l'individu s'approprie « son » genre, « sa » sexualité et ne se les laisse plus dicter de l'extérieur. Le degré d'affranchissement et de hardiesse – les progressistes aiment à se draper dans les habits du rebelle – d'un individu se mesure à cette liberté qu'il s'autorise avec les normes, lesquelles, soit dit en passant, lorsque la société tout entière les dénonce, n'ont plus de normes que le nom.

Le travail de démystification engagé par les études de genre doit avoir cet effet libérateur. Notre identité sexuée et sexuelle étant une pure construction, chacun doit pouvoir inventer sa propre identité, se délester autant que faire se peut – car nous sommes et resterons pris dans les rets de la société, la chute dans la culture est fatale, mais celle-ci peut-être plus ou moins prescriptive ! – de ce fardeau qu'est l'héritage civilisationnel du masculin et du féminin. La mise au jour de leur historicité résonne comme une injonction à s'en délier. Les propagateurs du Genre escomptent qu'une fois instruits du caractère historique et donc contingent des identités sexuées, nous ne manquerons pas d'en troubler l'ordre. « La variabilité dans la construction de l'identité [doit devenir] une exigence tant méthodique que normative, pour ne pas dire un but politique[45]. »

Les titres des ouvrages de Judith Butler sont à cet égard programmatiques. Après avoir semé le *trouble dans le genre*, elle nous invite en bonne logique à le *défaire*. Par définition, ce qui a été *fait* peut être *défait*, mieux, doit être défait. *Défaire le genre* prend ici la forme d'une injonction. Notre destin n'est pas scellé par la nature mais l'histoire n'est pas non plus notre code. Aussi, après avoir soustrait le sujet à la nature, reste, pour le genre, à le soustraire à la culture. Il s'agit de délier l'individu de tout ordre naturel *et* symbolique, des concrétions du temps, d'affranchir les femmes, mais au final non moins les hommes, des normes dont ils ne sont pas les auteurs, qui leur sont transmises par des adultes complices du vieux monde, et dans lesquelles, confiants, ils se glissent docilement. Si l'on veut que les identités sexuées et sexuelles prolifèrent, il faut que l'héritage perde son autorité[46]. Toute la pédagogie inspirée par le genre vise ainsi, on le verra, à démystifier cet héritage.

45. *Trouble dans le genre, op. cit.*, p. 66.
46. *Ibid.*, p. 70.

Et si *défaire le genre*, en brouiller les codes, les faire flamber dans un grand feu grégeois est aisé et joyeux évidemment, c'est qu'aucun de nous n'*est* un homme ou une femme, nous *jouons* tous un rôle. Judith Butler use et abuse – cela a amplement contribué à son succès – de la catégorie de jeu, des métaphores théâtrales. Les rôles sexués, n'étant plus distribués par la nature, deviennent parfaitement interchangeables. « Lorsqu'on théorise le genre comme une construction qui n'a rien à voir avec le sexe, le genre devient lui-même un artefact affranchi du biologique, ce qui implique que homme et masculin pourraient tout aussi bien désigner un corps féminin qu'un corps masculin, et femme et féminin un corps masculin ou féminin[47]. »

De là le prestige incomparable dont jouit parmi les adeptes du genre la figure du travesti, cet être rompu à l'art de se jouer des codes en les exacerbant, en les outrant. La société est comme mise au défi par de tels individus qui se plaisent aux métamorphoses en tous genres. « En créant un hiatus, une incongruence, entre le sexe biologique et l'identité revendiquée, en se choisissant autre que l'on naît, le travesti et le transsexuel minent le mot d'ordre implicite de la sexualité dominante, formulé par Napoléon et repris par Freud : “L'anatomie, c'est le destin” », écrit le critique d'art Bernard Marcadé, dans sa contribution au catalogue *Féminin-masculin. Le Sexe de l'art*[48].

47. *Ibid.*, p. 68.

48. « Le devenir-femme de l'art » in *Féminin-masculin. Le Sexe de l'art*, Gallimard / Electra, Centre Georges Pompidou, 1995, p. 39.

### *Transsexuels, travestis : figures paradigmatiques*

« Le travesti est notre vérité à tous », écrit Eric Fassin citant Judith Butler : « "Il révèle la structure imitative du genre lui-même." Le *drag* (travesti) manifeste ce que nous voudrions oublier, ou que nous tentons d'occulter » : « hommes ou femmes, hétérosexuels ou pas, que nous soyons plus ou moins conformes aux normes de genre et de sexualité, nous devons jouer notre rôle, tant bien que mal, et c'est le jeu du travesti qui nous le fait comprendre[49] ». Le travesti mettrait ainsi en lumière une vérité universelle : le caractère *performatif* de notre identité sexuée. Le masculin et le féminin ayant perdu tout ancrage dans la nature, n'étant que des désignations élaborées par la société, en nous les appropriant nous acceptons d'interpréter le rôle qui nous a été assigné dès la naissance. N'allons pas croire que née femme, assumant notre identité féminine, nous ne jouons pas plus un rôle que le travesti. En nous empruntant nos codes vestimentaires, nos attitudes, nos gestes, celui-ci ne copie par un modèle original puisqu'il n'y en a pas. Le genre, l'identité sexuée est toujours déjà parodie[50]. Les théoriciens du genre méconnaissent à dessein le fossé qui sépare le travesti qui joue à être une femme, ou plutôt sur-joue, outre, parodie en effet le féminin et la femme qui, née dans un corps de femme, l'est dans sa chair, par sa condition incarnée.

---

49. Préface à l'édition française de *Trouble dans le genre*, p. 17.
50. Judith Butler, *Trouble dans le genre*, p. 261.

En établissant une rupture parfaite entre le sexe biologique et le genre social, le Genre renoue ainsi avec une métaphysique dualiste mais en un sens bien particulier. Descartes rompait avec la conception aristotélicienne du corps comme corps *animé*, corps auquel l'âme (*animus*) insuffle la vie. Il réduisait le corps à une substance matérielle, pure étendue (ouvrant du même coup, et heureusement, la voie à une médecine qui pourrait sans hantise l'anatomiser, le disséquer, l'explorer, mais prenant simultanément le risque de désincarner l'être humain, même si Descartes reconnaissait que le dualisme n'était qu'une vérité d'entendement et non d'expérience). Depuis lors, la phénoménologie, et tout particulièrement Merleau-Ponty sur lequel je m'appuierai plus loin, a rendu au corps, au corps sexué, son rôle central dans la constitution de la personne humaine. Aussi le genre nous fait-il rétrocéder : le corps et l'esprit se séparent de nouveau, le corps redevient matière, dépourvu de réalité en soi, par soi – « On ne peut pas dire, écrit Judith Butler, que les corps ont une existence signifiante avant la marque du genre » –, mais cette matière est toujours déjà normée, travaillée, investie par la société, et comme on l'a vu dès avant la naissance pour ainsi dire. L'auteur de *Trouble dans le genre* tient à prévenir tout malentendu : si le corps est, pour elle, toujours déjà « animé », ce n'est pas en un sens spiritualiste. Il ne s'agit pas de se figurer le corps comme une matière à laquelle une âme, une « volonté immatérielle » insufflerait la vie (interprétation à laquelle en dépit de ce qu'elle prétend, un Merleau-Ponty n'a jamais souscrit. Butler ferait bien de le lire un peu attentivement ; elle aurait beaucoup à apprendre de la pensée de l'incarnation déployée par le philosophe français) mais comme une matière que le pouvoir social assaille pour se l'approprier et dans le but de le normaliser. On y aura reconnu l'empreinte foucaldienne, cette antienne d'un pouvoir qui structure les corps, les domestique et les prépare à des rôles bien spécifiques, en l'occurrence à la reproduction hétérosexuelle, ainsi que l'a dénoncé, entre autres, Monique Wittig.

Mais la parodie ne concerne pas que l'enveloppe extérieure, charnelle. Conformément aux axiomes du genre, il n'y a pas de dispositions naturellement sexuées, et sexuées selon le masculin et le féminin, toutes sont fabriquées par la civilisation dans laquelle nous naissons. Prenons un exemple. La pudeur, la réserve, la retenue – qui font du désir féminin une énigme qui ne se laisse pas aisément déchiffrer et exige des hommes, y compris les plus aguerris, un art consommé de l'interprétation – étaient réputées vertus féminines, mais dès lors que l'identité sexuelle n'est plus comprise que comme construction, la pudeur déchoit au rang de rôle appris, joué, imposé par la société pour mieux tenir la femme en état d'infériorité. Ainsi défaire le genre n'implique pas nécessairement de renvoyer la pudeur au magasin des antiquités, mais de réduire cette disposition à un pur jeu que chacun, homme et femme, est libre de s'approprier, de parodier. Cette réserve, cette résistance ne tient-elle vraiment qu'à des conventions, n'est-elle rien d'autre que feinte ? Qui peut s'autoriser à trancher? D'autant que la théorie trébuche, voire se fracasse sur la réalité : après quarante ans de libération des mœurs, les femmes qui avouent et s'avouent sans rougir, aimer et désirer les hommes, ne prennent toujours pas l'initiative, répugnent à l'explicite, *veulent* être conquises. On peut certes écrire, comme l'a fait Jean Claude Bologne, une *Histoire de la pudeur* dans la mesure où ce sentiment connaît des métamorphoses, des variations au fil du temps, mais on ne saurait en conclure à une pure historicité. Mais encore faut-il admettre, nous y reviendrons, que ce que l'on entend par nature n'est pas épuisé par le biologique, la génétique et autre principe mécaniste, souffrir que le phénomène humain ne s'abolit pas dans l'explication causale, renouer avec le matérialisme enchanté d'un Diderot.

Les notions de masculin et de féminin ne sont donc pas bannies, mais elles ne renvoient plus à aucune réalité charnelle. Elles n'ont plus de sens que nominal. Du mot à la chose, de la chose au mot, la conséquence n'est plus bonne. De la femme au féminin, du féminin à la femme, de l'homme à la virilité, de la virilité à l'homme, la circulation est interrompue. L'abstraction croît.

## *Ivresse des possibles*

Judith Butler et ses séides exaltent la fluidité des identités. « La perte des normes de genre aurait pour effet de faire proliférer les configurations de genre, de déstabiliser l'identité substantive et de priver les récits naturalisants de l'hétérosexualité obligatoire de leurs personnages principaux : l'"homme" et la "femme"[51]. » Judith Butler parle encore au conditionnel car les normes, les habitudes, les mœurs ne se laissent pas renverser ainsi, mais qu'elle se rassure, diffusé à grande échelle, bénéficiant de la complicité des voix les plus autorisées, le nouvel évangile se répand à grands pas.

On citera le propos, tout à fait accordé à la pensée du Genre, de la plasticienne Orlan, qui s'est fait une spécialité de l'art dit corporel et dont les performances consistent en des opérations chirurgicales qu'elle s'inflige à elle-même : « Je suis Orlan, entre autres et dans la mesure du possible. Je suis pour les identités nomades et mutantes comme les corps. » Il s'agit de s'essayer à toutes les identités, toutes les sexualités puisque aucune ne nous est dictée par la nature, et de ne se fixer dans aucune. De là la rivalité au sein même du Genre, cette surenchère dans les expérimentations – qu'on pense à Beatriz Preciado et à ses essais d'« intoxication volontaire » par consommation, en dehors de tout protocole médical, d'hormones chimiques dans le but de transformer son corps et de faire ainsi échec à toute tentative d'identification[52]. La prime allant à celui qui poussera toujours plus loin la négation du donné et naturel et culturel, brouillera toujours plus les normes communes. Affranchi

51. Judith Butler, *Trouble dans le genre, op. cit.*, p. 273.
52. Beatriz Preciado, *Testo junkie : sexe, drogue et biopolitique*, Grasset, 2008.

des concrétions de l'histoire, rendu à soi-même, chacun devrait se découvrir une multiplicité de désirs, d'identités. La civilisation, la société ne sont plus perçues comme le cadre même de l'humanisation de l'homme mais comme le lieu de son aliénation : il y est rendu étranger à lui-même, à ses possibilités et aspirations les plus secrètes, souterraines. Il n'est plus pour lui-même qu'un matériau. Le Genre ambitionne en effet de nous soustraire à un quelconque confinement dans une identité sexuée et sexuelle. La dénaturalisation des identités et des sexualités est censée rendre chacun à un ensemble de possibles que les récits « naturalisants » auraient étouffés.

Dans cette perspective, la notion d'identité sexuelle devient un oxymore. En bonne logique, les pays qui multiplient les signes d'allégeance à cette idéologie ne devraient pas seulement modifier dans les documents administratifs la rubrique de l'identification à un sexe en ajoutant la case « neutre », mais finir tout simplement par la supprimer ou bien admettre des réponses labiles, provisoires, sujettes à révision permanente.

Le film *Tomboy* de Céline Sciamma de 2011, autour duquel cristallise l'opposition des pro et des anti-genre, mérite à cet égard qu'on s'y arrête. Ce qui enthousiasme les uns et heurte les autres tient précisément aux postulats anthropologiques, philosophiques auxquels ce film donne chair.

Il figure sur la liste des films censés « faire découvrir aux élèves de grande section de maternelle et du primaire le cinéma comme art » (une nouvelle définition de l'art prévaut en effet désormais, en relève tout ce qui sert un message ratifié par l'idéologie contemporaine). Que raconte *Tomboy* ? L'histoire d'une petite fille de dix ans, Laure, garçon manqué (*tomboy* en anglais), comme l'on dit tributaire de la dualité du masculin et du féminin, qui, le temps d'un été, se fait passer pour un garçon auprès de ses camarades, empruntant au chanteur aux traits androgynes, Michael Jackson, son prénom. Cette petite fille, peu dégourdie dans le cadre familial, lieu d'assignation à son identité féminine, se met à exister dès qu'elle s'essaie en garçon.

Que postule-t-on donc ce film sinon que l'identité sexuée est une attribution arbitraire, une violence primitive et que, rendue à elle-même, cette petite fille ne choisit pas l'« immatriculation » que la société lui a imposée, bref que l'enfant est bien, au départ, un ensemble de possibles que, dès la naissance, la société bride, étouffe. On m'objectera qu'il s'agit d'un film et qu'à ce titre, il ne sert aucune cause, ne soutient aucune thèse, ne démontre rien et se contente de raconter une vie, une vie singulière. Sans doute et l'on voudrait le croire. Sauf que la réalisatrice elle-même[53]

---

53. La réalisatrice Céline Sciamma se dit passionnée par les questions de genre « dans la vie de tous les jours et même de façon assez intime » et s'indigne des polémiques déclenchées autour de l'introduction du genre à l'école : « Je suis bien évidemment tout à fait en faveur de ces enseignements. Je trouve même ça fou qu'il y ait une polémique ! C'est complètement dingue ! En France, on est tellement en retard sur ces questions… Globalement, politiquement, et du point de vue législatif, on est tellement à la traîne par rapport au reste de l'Europe. Cette polémique vient l'illustrer » (Cf. Entretien avec Céline Sciamma, 13 septembre 2011, TV5 Monde).

reconnaît avoir voulu « faire un film qui milite à un endroit où ça allait fonctionner (*sic*), où je n'allais pas m'adresser à des gens déjà convaincus, (...) il faut toucher un maximum de gens avec des messages subversifs et politiques[54] ». Et le message est sans ambiguïté. « Le sens même du film est là, peut-on ainsi lire dans le dossier pédagogique du Conseil national du cinéma destiné aux professeurs : le regard que nous portons sur cet(te) enfant détermine ce que nous voulons qu'elle (il) soit » et pose du même coup un éteignoir sur les possibilités dont chacun est originellement porteur. Loin de sa famille, « Laura semble vouloir aller au bout de la *possibilité* Michael », elle explore cette identité masculine qui n'est au fond pas moins la sienne que celle que ses parents lui ont assignée. Que nous l'abandonnions à elle-même, et elle s'épanouira loin des normes, loin de ces attentes sociales construites dans l'imaginaire collectif et individuel en fonction du sexe. Des parents, des adultes, une société qui n'attendraient rien des êtres auxquels ils donnent la vie et confieront le monde seraient, en somme, la panacée. Cela m'évoque une réplique d'*Une histoire simple* de Claude Sautet : Romy Schneider retrouve un de ses anciens amants interprété par Bruno Cremer, et l'interroge sur sa vie amoureuse :

> « Martin m'a dit que tu vivais toujours avec Laurence (...) Ça marche bien alors ?
> — Elle est jeune, tu sais. Dans la mesure où je n'en demande pas trop, où elle n'en demande pas trop...

---

54. *Ibid.*

— Oui, remarque, si personne ne demande rien à personne… Ça m'étonnerait qu'elle t'aime comme ça. »

La grande illusion de notre temps est de penser que l'on peut construire quoi que ce soit à partir de rien. Ce n'est pas la liberté, l'originalité, l'inventivité de nos enfants que l'on favorise en les amputant de tout donné et en les abandonnant à eux-mêmes.

Ainsi, pour revenir à *Tomboy*, il ressort très nettement que par-delà l'éducation à la tolérance qu'invoquent les promoteurs de la diffusion du film dans l'enceinte scolaire, il s'agit de faire prendre conscience à chacun de la « violence normative » que la société dont nous sommes, tous, sans le savoir, sans le vouloir, les émissaires, exerce sur ce faisceau de possibilités qu'est l'enfant à sa naissance. Il s'agit non moins d'inviter les enfants à faire montre de résistance à l'endroit de cette identité que leurs parents leur ont attribuée… sans les avoir consultés. Ce film n'est donc pas neutre et l'opposition de certaines associations à sa diffusion dans les établissements scolaires n'est pas sans objet, ni illégitime (elle l'est en revanche lorsqu'il s'agit de sa diffusion sur une chaîne de télévision).

Pour conclure sur cette question de l'exaltation des possibles, en 1996, Castoriadis faisait le constat d'« une usure sans précédent des significations imaginaires sociales » : « Personne ne sait plus aujourd'hui ce que c'est qu'être citoyen ; mais personne ne sait même ce que c'est qu'être un homme ou une femme. Les rôles sexuels sont dissous, on ne sait plus en quoi cela consiste. » Cette dissolution des évidences, cette *montée de l'insignifiance* enivrent les partisans du Genre. On citera une fois encore Céline Sciamma, la réalisatrice de *Tomboy* : « Pour le personnage de Laure, devenir garçon, c'est s'offrir des possibilités d'épanouissement. Ce n'est pas forcément une question d'identité profonde : l'occasion fait le larron, et peut-être que c'est plus marrant pour moi d'être un garçon cet été-là[55]. »

Kierkegaard jette une lumière très vive sur l'impasse que représente cet idéal d'une prolifération des identités. L'auteur du *Traité du désespoir* distingue entre deux formes de désespoir, l'un par absence de possible, l'autre, par défaut de nécessité. C'est à cette dernière forme de désespoir que le Genre accule l'humanité en exaltant une ivresse des possibles qui jamais ne se transforme en nécessité, donc en réalité. Mais le doute n'étreint pas même ses adeptes.

## *L'hypertrophie de la volonté*

Le genre participe d'une hypertrophie de la volonté qui marque de son empreinte la modernité. Là où était la nature mais aussi l'héritage, la volonté doit advenir. Telle est l'inspiration profonde des Modernes à laquelle puise aujourd'hui le Genre. Aucune instance extérieure à la volonté non seulement humaine mais individuelle et contemporaine n'est reconnue comme légitime. L'hétéronomie n'a plus droit de

---

55. Entretien TV5 Monde, *op. cit.*

cité. La verticalité du divin comme celle des ancêtres nous sont des chaînes. L'individu seul doit être fondateur, un individu non substantiel, non « durable », si l'on peut dire, mais, comme on vient de le voir, fluide, mutant, livré à l'inconstance de ses désirs. Et d'ailleurs, plutôt que de volonté, mieux vaudrait parler de caprice, car que reste-t-il de cette noble faculté dans l'exaltation d'un moi délié du devoir de répondre de soi ?

L'expression d'« orientation sexuelle » qui s'est peu à peu imposée dans le vocabulaire de chacun, y compris celui de Marine Le Pen, en lieu et place de celle d'identité sexuelle, le dit assez bien. Cette requalification de la sexualité en termes d'orientation sexuelle s'éclaire de ce primat reconnu à la volonté. La notion d'orientation présente l'avantage incontestable d'être moins impérieuse que celle de sexualité. Elle laisse du jeu, elle autorise une certaine latitude. Homosexuel aujourd'hui ? hétérosexuel demain ? Pourquoi pas ? L'étau de la contrainte se desserre. Non seulement on ne naît pas femme, mais rien ne nous oblige à le devenir et même en le devenant, à le rester et rien ne nous force enfin à désirer un homme plutôt qu'une femme. Libre à chacun d'expérimenter le champ des possibles – en droit tout est possible, dans les faits, des obstacles peuvent se dresser, car il faudra encore du temps avant de se libérer d'un « discours culturel hégémonique fondé sur les structures binaires qui se font passer pour le langage de la rationalité universelle[56] ». Nous sommes pris

56. Judith Butler, *Trouble dans le genre*, *op. cit.*, p. 72.

dans une contradiction que la notion d'orientation sexuelle devrait nous permettre de surmonter. Tout nous porte à nier farouchement l'idée d'une nature qui commande, l'hypothèse d'une part non choisie de l'existence nous révulse, et en même temps, longtemps les homosexuels ont invoqué la nature pour rendre compte de leur homosexualité. On ne devient pas homosexuel par caprice, fantaisie ou provocation, on naît homosexuel. L'homosexualité n'est pas moins destinale que l'hétérosexualité. Mais une telle vue ne sied pas à une idéologie qui n'admet pas l'hypothèse d'un quelconque donné naturel, entend faire advenir partout la volonté et aime à se représenter l'individu comme un champ ouvert à tous les possibles.

La notion d'orientation sexuelle permet en quelque sorte de ménager la chèvre et le chou, la nature et le choix, d'introduire du volontaire là où précisément le sujet fait l'expérience de l'involontaire. Là où était la nature, la volonté adviendra.

Mais n'en déplaise au Genre, l'hétérosexualité du désir, comme son homosexualité sans doute, est impérieuse, contraignante, même si l'homme peut ignorer cette contrainte, comme on le verra. Il n'est pas question ici de préférence. Et si mon désir m'entraîne, comme il entraîne, *volens nolens*, la très grande majorité des femmes, vers un homme, nulle boussole pour m'indiquer la direction n'est requise. Je ne m'*oriente* pas vers un homme, il m'aimante.

S'émanciper de toute forme de donné, s'en remettre partout et toujours à la volonté est un mouvement de fond et qui ne concerne pas la seule question de l'identité sexuelle. Jacques Attali n'a-t-il pas suggéré dans une de ses chroniques de *L'Express*[57] de soumettre à la ratification des adolescents, une fois majeurs, le prénom que leurs parents leur ont donné sans, et pour cause, les consulter ? Quand nous disions que nous n'étions plus accessibles à la gratitude pour le don qu'il y a dans tout donné, nous en avons ici un funeste exemple.

Il manque un Molière à notre temps, et lorsque les metteurs en scène actuels montent une pièce de Molière, ils l'assaisonnent à l'esprit du temps et réussissent ainsi à en émousser la charge critique. Si Molière nous annonce, comme on aime à dire, ce n'est pas dans notre passion de l'égalité, mais dans notre rébellion démesurée contre toute forme de donné, naturel aussi bien que culturel.

Ce n'est pas que les femmes soient ou cherchent à devenir savantes que raille l'inventeur des figures de Cathos et Magdelon, de Philaminte, Armande et Henriette. Molière ne dénie pas l'esprit aux femmes, au contraire. Quel homme voudrait d'une femme qui ne saurait rien faire d'autre que « prier Dieu, aimer [son] époux, coudre et filer » ? Ce n'est pas leur volonté de prendre part à la vie de l'esprit qui fait le ridicule des précieuses mais leur refus de donner audience à la nature en elles, le mépris dont elles accablent la femme qu'attachent encore les liens du mariage, l'entreprise de « déconstruction » dans laquelle elles se lancent. Le prénom que leurs parents leur ont donné ? En

57. Chronique « Perspectives », « Changer de prénom », *L'Express* n° 3202, 14 novembre 2012. Accessible en ligne, blog de Jacques Attali sur lexpress.fr

changer... La langue commune? La refonder... Le désir naturel qui porte une fille à se marier? Le nier.

« Gorgibus : (...) Cathos, et vous, Magdelon...

Magdelon : Eh ! de grâce, mon père, défaites-vous de ces noms étranges, et nous appelez autrement.

Gorgibus : Comment, ces noms étranges! Ne sont-ce pas vos noms de baptême?

Magdelon : Mon Dieu, que vous êtes vulgaire ! Pour moi, un de mes étonnements, c'est que vous ayez pu faire une fille si spirituelle que moi. A-t-on jamais parlé dans le beau style de Cathos ni de Magdelon? Et n'avouerez-vous pas que ce serait assez d'un de ces noms pour décrier le plus beau roman du monde?

Cathos : Il est vrai, mon oncle, qu'une oreille un peu délicate pâtit furieusement à entendre prononcer ces mots-là; et le nom de Polyxène que ma cousine a choisi, et celui d'Aminte que je me suis donné, ont une grâce dont il faut que vous demeuriez d'accord. »

## *La puérilité du Genre*

Dans son grand livre *Homo Ludens*[58], Johan Huizinga distingue entre le jeu et la puérilité. En dépit du recours abusif à la notion de jeu, le genre s'apparente bien plutôt à ce que Huizinga appelle puérilité, ce « phénomène de la vie sociale où l'homme d'aujourd'hui, surtout comme membre de quelque

58. Johan Huizinga, *Homo Ludens : essai sur la fonction sociale du jeu*, traduit du néerlandais par Cécile Seresia, Gallimard, Coll. « Tel », 1988.

collectivité, semble se comporter suivant l'échelle mentale de la puberté ou de l'adolescence », réclamant incontinent des distractions toujours nouvelles, des sensations fortes, se voulant « libre du frein de l'éducation, des formes de la tradition », renonçant « volontairement aux prérogatives de sa maturité[59] ». L'esprit puéril est « un esprit qui renonce volontairement aux prérogatives de la maturité ». Il n'est rien de fortuit à ce que la théorie du genre trouve son terrain d'expérimentation privilégié chez les adolescents.

## *L'hétérosexualité, notre dernière aliénation*

Le Genre présente cette « supériorité » sur le féminisme traditionnel, qu'il ne se restreint pas à la cause des femmes, les femmes n'y sont même qu'un prétexte, un cache-sexe, pourrait-on dire. C'est pour les « minorités déviantes », auxquelles elle se flatte d'appartenir, que Judith Butler a pris la plume, ainsi qu'elle ne manque jamais de le rappeler. Parmi les objectifs qu'elle poursuivait en écrivant *Gender Trouble* : « Le premier, insiste-t-elle, était d'exposer ce que je considérais être une forme envahissante d'hétérosexisme dans la théorie féministe[60]. » Les féministes restaient par trop tributaires à ses yeux, de la norme de l'hétérosexualité. Or, les homosexuels et les femmes étant également victimes du mâle blanc hétérosexuel, ils forment des alliés objectifs dans ce combat.

---

59. *Ibid.*, pp. 280-281.
60. Judith Butler, *Défaire le genre, op. cit.*, p. 236.

Le Genre se pare ainsi de cette autre vertu. Il entend nous délivrer de la norme de l'hétérosexualité. La confusion des genres, la dissolution de ces deux entités, l'homme et la femme, conduit à l'extinction du couple originaire et de la sexualité qu'il postulait, l'hétérosexualité. Plus d'Adam, plus d'Eve originels, et donc plus de désir fondé sur l'altérité, la dissymétrie. L'hétérosexualité n'a rien de destinal, elle est un pur conditionnement social, un conformisme, l'allégeance à une norme édictée par la société. Si elle a jusqu'à présent prévalu, c'est en vertu d'une ruse : elle a réussi à se faire passer pour naturelle et donc élever au rang de norme, de ces normes auxquelles l'individu se doit d'obéir, sauf à être marginalisé. Seule la pression sociale nous porterait à désirer *l'autre* sexe. L'homme n'est pas naturellement porté vers la femme et réciproquement, ce n'est là que fiction entretenue par les siècles. Aussi les homosexuels, qui se sont déjà affranchis de ce conformisme, font-ils figure d'avant-garde de l'humanité.

Si dans le désir que nous inspire l'autre sexe et lui seul, nous ne sentons pas le poids de la société, c'est en vertu d'un « surmoi » efficace et omnipotent. Nous avons été éduqués dans le mythe de l'hétérosexualité et *nous prenons nos désirs pour la réalité.* Mais ce n'est là qu'illusion, au sens étymologique du terme, la société se joue de nous. Elle a étouffé nos véritables désirs. L'hétérosexualité ne s'est imposée comme norme que par un coup de force, réussissant à reléguer l'homosexualité au rang d'exception, de minorité. Elle n'est pas une loi naturelle, simplement la loi du plus fort qui aurait réussi à étouffer toutes les autres sexualités.

Le Genre se lance ainsi dans une véritable croisade contre le désir hétérosexuel. Il revient à l'anthropologue Gayle Rubin, figure d'autorité dans le champ des *Gender studies*, de donner la formulation la plus rigoureuse de ce programme : « Nous ne sommes pas seulement opprimées *en tant que* femmes, nous sommes opprimées par le fait de devoir *être* des femmes ou des hommes selon le cas. Mon sentiment personnel est que le mouvement féministe doit rêver à bien plus encore qu'à l'élimination de l'oppression des femmes. Il doit rêver à l'élimination des sexualités obligatoires et des rôles de sexe. Le rêve qui me semble le plus fascinant (*compelling*) est celui d'une société androgyne et sans genre (mais pas sans sexe) où l'anatomie sexuelle n'aurait rien à voir avec qui l'on est, ce que l'on fait, ni avec qui on fait l'amour[61]. »

Fort des travaux des spécialistes du comportement animal, les promoteurs du genre font valoir que l'homosexualité n'est pas moins naturelle que l'hétérosexualité – on remarquera au passage que la nature est autorisée à faire son retour lorsqu'elle vérifie le dogme. Chacun de nous serait ainsi également porté à désirer le même et l'autre. Nous serions non seulement des transgenres qui s'ignorent mais des bisexuels pour le moins, qui se méconnaissent.

---

61. Gayle Rubin, « L'économie politique du sexe : transactions sur les femmes et systèmes de sexe/genre », *Les Cahiers du CEDREF*, accessible en ligne. Trad. mod. « compelling » est rendu dans cette version par « attachant ». « Fascinant » me semble plus adéquat.

Sans verser dans l'idéologie d'un complot homosexuel, il n'en reste pas moins que nous assistons à un processus de ringardisation de l'hétérosexualité. Les réseaux sociaux persiflent l'« hétérobeauf ». Nombreux sont ceux qui escomptent voir l'hétérosexualité exclusive vivre ses derniers jours. Les journalistes saluent ainsi le travail salvateur accompli en ce sens par les cinéastes, romanciers, et publicitaires : « Pas une semaine, se félicite ainsi *Le Nouvel Observateur*, sans qu'un top model ou une starlette ne s'avoue bisexuelle, galoche ses copines en public ou, plus sérieusement, s'investisse dans le combat LGBT. (...) Rarement autant de mannequins et d'actrices – émissaires ultimes du désir hétérosexuel – ont affiché en toute décontraction leur capacité à naviguer entre les genres. Merci à *La Vie d'Adèle*, au mariage gay, à une jeune génération qui n'en peut plus des étiquettes ? (...) Lorsque Cara Delevingne [mannequin] roule une pelle à sa copine, elle se fiche pas mal de ce que l'on pense d'elle : elle fait ce qui lui plaît. Très loin de l'hégémonie du désir masculin. La fin d'une ère[62]. »

De fait, tous les espoirs sont permis. Nos enfants grandis dans une société qui leur aura martelé que l'hétérosexualité est une option parmi d'autres,

62. *Le Nouvel Observateur*, 10 avril 2014, n°2579, et la jubilation des journalistes est telle que la semaine suivante, deux pleines pages viendront peindre en détail ce phénomène auquel n'avait été consacré que quelques lignes. Cf. *Le Nouvel Observateur*, « Sexualité. Bi cool », 17 avril 2014, n°2580, pp. 138-140. « Les marques font passer la bisexualité de l'anecdotique au réel. »

qu'ils peuvent à la rigueur tester mais à laquelle il serait bien ordinaire et ô combien triste de se cantonner, devraient finir par s'affranchir de cette chimère coriace. Une jeunesse qu'on aura convaincue que chacun est une sorte de Protée sexuel n'aura rien de plus pressé que d'attester sa « liberté » en s'essayant à toutes les sexualités. Car c'est un fait, l'hétérosexualité, comme l'homosexualité au demeurant, est peut-être destinale chez l'homme, toutefois qu'on le persuade que ce n'est là que construction sociale, soumission à une normativité discriminante et il s'en émancipera, en tout cas tentera de s'en émanciper. *A fortiori* à l'adolescence.

Sur ce point, le magazine *Marie Claire* a publié un reportage édifiant précisément intitulé « La bisexualité au lycée » : « En ce moment, témoigne une lycéenne de quatorze ans, c'est l'obsession à l'école : savoir qui est bi et qui ne l'est pas. » « J'ai pas mal d'amis bi, surtout des filles, se flatte une autre de seize ans. Moi, je suis hétéro, mais je trouve ça bien de ne pas s'enfermer dans une cage, de ne pas être "labellisé". On a le droit d'aimer qui l'on veut[63]. » Marie, dix-sept ans, confirme : « J'alterne (...) pour moi me restreindre à fille ou garçon serait aussi réducteur qu'un hétéro qui déciderait de ne sortir qu'avec des brunes ou des blondes... la vie est longue, je veux avoir de belles histoires, ne pas me formater[64] ! »

---

63. « La bisexualité au lycée » par Alix Leduc in *Marie Claire*, janvier 2014, pp. 131-134.
64. *Ibid.*

Formater ! Le grand mot est lâché ! Le phénomène touche essentiellement les jeunes filles, précise un psychologue. Et la journaliste d'observer : « Aujourd'hui qui dit "it-girl" [fille dans le coup] dit "bi" », et elle inventorie les canaux de transmission de cette nouvelle prescription, les médias, ainsi le magazine *Voici* faisant sa une sur « Si t'es pas bi, t'as rien compris », les séries télévisées adulées par les adolescents et où se multiplient les personnages homos ou bi, les coming-out des chanteurs, actrices auxquels ils s'identifient.

Complexe d'infériorité des jeunes gens qui ne se livrent pas à ces expérimentations : « En fait, confie Théo, vingt ans et désespérément hétérosexuel, je suis jaloux des bi ! (...) Eux ne se restreignent pas, ils ont plus de possibilités d'aimer et de tomber amoureux. Et de vivre intensément[65]. » « Les jeunes, se félicite dans le même article le psychologue communautaire (*sic*) Eric Verdier, sont moins enfermés que les adultes dans des certitudes sexuelles. Les notions de genre sont en train de se redéfinir entièrement. On sort du schéma classique binaire pour se tourner vers des possibilités plurielles[66]. »

65. *Ibid.*

66. *Ibid.* Les articles sur ce phénomène se multiplient, j'aurais pu également citer le magazine *Elle*, « Aimer les filles et les garçons ».

*Comment peut-on être hétérosexuel ?*

Judith Butler, qui avoue ne pas savoir « grand-chose de l'hétérosexualité[67] », ne connaît toutefois pas de plus désopilante comédie que celle jouée par les hétérosexuels. « Une des dimensions essentielles de la comédie, explique-t-elle, surgit lorsque vous vous retrouvez à adopter une position dont vous venez juste de dire qu'elle est impensable. » Partant, poursuit-elle, sur le fond, toutes les sexualités sont comiques, dans la mesure où chacun s'engage à désirer tel individu et non tel autre, donnant à son désir un caractère exclusif, mais malgré tout, la comédie de l'hétérosexualité est de loin la plus irrésistible tant elle est la plus improbable. Le ressort y est tendu à son maximum. Désirer l'autre que soi… Qui a pu concevoir une intrigue si « fragile », une fable si extravagante, contraire à tout ce qui peut être pensé ? Et Butler de préciser l'objet de son étonnement : « C'est une manière assez curieuse d'être au monde. Car enfin, comment se fait-il (…) que cet être polymorphe, ou du moins bisexuel, organise sa sexualité de manière à la centrer exclusivement sur les membres du sexe opposé et à avoir avec eux des relations sexuelles génitales[68]. »

La reconnaissance officielle des droits des homosexuels à égalité avec ceux des hétérosexuels entraîne la destitution de la norme hétérosexuelle : à la faveur de « la politique de l'homosexualité, écrit Eric Fassin, (…) l'hétérosexualité apparaît pour ce qu'elle est :

67. Judith Butler, *Humain, inhumain, op. cit.*, p. 20.
68. *Ibid.*, p. 21.

une norme sociale, et non un fait de nature[69] ». Avec l'ouverture du mariage et de la filiation aux couples de même sexe, la cellule de base de la société cesse d'être formée d'un homme et d'une femme dont l'union est naturellement féconde et du même coup le couple hétérosexuel ne peut plus prétendre à une quelconque normativité. « L'homosexualité soumet la société à la question », se félicite Eric Fassin[70]. En dénaturalisant les identités sexuées et sexuelles, le genre a imposé une nouvelle question, a entraîné ce que le sociologue appelle une *inversion de la question homosexuelle* : « On se demandait hier encore : comment peut-on être homosexuel ? Aujourd'hui, on se pose de plus en plus la question inverse. » Et quelle est cette question inverse ? « Comment peut-on être homophobe ? » Glissement pernicieux opéré ici par Eric Fassin qui sait parfaitement que la question inverse est : comment être hétérosexuel ? Mais, pour le sociologue-militant, loin de toute neutralité axiologique, les termes sont interchangeables. L'hétérosexuel serait par essence « homophobe »[71]. Ainsi, somme Eric Fassin, est-ce désormais aux hétérosexuels de rendre compte, mieux, de « rendre des comptes » devant le tribunal de l'histoire, de leur sexualité.

---

69. Eric Fassin, *L'Inversion de la question homosexuelle*, Amsterdam, « Poches », 2008, p. 238.

70. *Ibid.*, p. 17 et pp. 187-213.

71. Notion forgée très approximativement, comme l'a observé Michel Schneider dans *La Confusion des sexes*, puisqu'elle désigne littéralement celui qui exècre le même quand il s'agit de condamner celui qui exècre l'être dont le désir se porte sur le même, et non sur l'autre.

*Marie et les biotechnologies*

Les avancées dans le domaine des techniques de « procréation médicalement assistée » auront, involontairement, apporté un précieux soutien aux thèses postulées par le Genre, d'une humanité émancipée, de part en part, de la nature et contribué à en favoriser l'influence. Elles ont donné de la vraisemblance à ce qui se heurtait de plein front à l'évidence des faits. Les progrès des biotechnologies nous libèrent ainsi de ce conte pour enfants bien sages auquel docilement nous avons cru pendant des siècles, qu'il fallait un homme et une femme pour donner la vie. Ainsi, dans un documentaire sur l'homoparentalité, lorsque, à la question « Qu'est-ce qu'une famille ? », Léo-Paul (*sic*), huit ans, né par insémination artificielle et élevé par un couple de lesbiennes, répond : « Des enfants, un père et une mère », sa sœur, Hortense, onze ans, née et élevée dans les mêmes conditions, s'empresse d'intervenir : « Il est encore un peu petit et comme ses copains donnent cette image-là, il croit qu'une famille c'est un papa et une maman[72]. » Innocence enfantine…

La procréation, cette prérogative de la femme, la science la lui fait perdre. Les progrès dans les technologies de la reproduction rendront sans tarder optionnel le corps de la femme. Un Adam qui puisse se passer d'Eve, une Eve pouvant se passer d'Adam, la négation de la femme dans la filiation, ce vieux

72. « Zone interdite », *Mes parents sont homos et moi dans tout ça ?*, diffusé sur M6 le dimanche 27 janvier 2013.

rêve de l'humanité est désormais possibilité. Les théoriciennes du Genre accueillent avec jubilation ces dits progrès, ainsi de Joan W. Scott se félicitant de ce qu'on pourra bientôt « éliminer le besoin des corps des femmes comme agent de la reproduction de l'espèce[73] ».

Une conception virginale, cet oxymore n'en appelle plus à la foi et à ses mystères. Un engendrement non souillé par le commerce des chairs n'est plus le privilège de Marie. Et la représentation édénique, déployée par Grégoire de Nysse, d'une humanité qui se multiplierait, comme se sont multipliés les anges par d'autres voies que sexuelles[74] n'est plus rêverie chimérique d'un père de l'Eglise du IVe siècle.

Les femmes ont été libérées par le féminisme de la maternité comme destin. Mais ne sommes-nous pas tombés de Charybde en Scylla : que la vie d'une femme ne soit épuisée ni par la maternité ni par l'amour, les rend-il pour autant optionnels ? Dire de la femme qu'elle est cet être qui donne naturellement la vie, qui *peut* donner la vie – depuis 1967, la pilule a offert cette liberté à la femme, cette souveraineté même (certains hommes sont payés pour le savoir qui, pleinement confiants dans leur compagne, se retrouvent désormais pères malgré eux et traînés devant les tribunaux pour déni de

73. Joan W. Scott, « Genre : une catégorie utile d'analyse historique », *Les Cahiers du GRIF*, Année 1988, n° 37-38 p. 131.

74. Cf. Peter Brown, *Le Renoncement à la chair : virginité, célibat et continence dans le christianisme primitif*, traduit de l'anglais par Pierre-Emmanuel Dauzat et Christian Jacob, Editions Gallimard, coll. Bibliothèque des Histoires, 1995, p. 361.

paternité[75]) –, est-ce retomber dans un naturalisme dont les femmes avaient triomphé ? Nullement ce n'est reconnaître une donnée essentielle de la condition féminine. « L'expérience de la naissance fait partie du bagage symbolique de la femme en tant qu'elle est faite [constituée] pour avoir des enfants, de l'homme en tant qu'il n'en aura jamais », écrit Margaret Road. L'homme « ne fait l'expérience de la naissance qu'une seule fois tandis que la petite fille vit d'avance, à ce moment-là, le jour où son propre enfant sera expulsé de son corps[76] ».

Et Margaret Mead suggère très profondément que « si les femmes sont définies sans référence à leur maternité, les hommes auront l'impression qu'il manque quelque chose à leur virilité, car la paternité – prolongement de celle-ci – sera, elle aussi, mal définie. Si l'on définit les hommes en fonction de la paternité plutôt que de leur rôle d'amants, les femmes auront l'impression que leur vie d'épouse est absorbée par leur rôle de mère[77] ».

Longtemps, et à juste titre, on a reproché aux femmes qui devenaient mères d'en oublier leur vocation non moins essentielle de femme, d'amante, de se vouer à leur seule fonction maternelle, mais nulle voix aujourd'hui ne s'élève pour s'indigner de l'absorption des hommes par leur rôle de père : qui,

---

75. Je renvoie à l'ouvrage de l'avocate Mary Plard, *Paternités imposées : un sujet tabou*, Les liens qui libèrent, 2013.

76. Margaret Mead, *L'un et l'autre sexe*, traduit de l'anglais par Claudia Ancelot et Henriette Etienne, Gallimard, Coll. Folio essais, 1988, pp. 79-80.

77. *Ibid.*, p. 421.

quelle épouse, quelle compagne oserait, au nom de l'égalité, reprocher à l'homme dont elle a voulu un enfant, de le porter sur son ventre, en kangourou, singeant ainsi piteusement la grossesse maternelle ?

## *La pastorale américaine*

> *La Création est toujours déjà fracturée.*
> Philippe Muray

L'idéal d'une humanité une, réconciliée avec elle-même, traverse les siècles. Les tragédies du XXe siècle auraient dû cependant nous en guérir mais le genre veut croire en une fin de l'histoire. Il renoue avec une forme de grand récit, et s'attaque au principe de division par excellence, l'altérité de l'homme et de la femme. Ce n'est plus une société sans classes qu'il nous promet mais un monde sans sexes, un monde ayant surmonté la scission introduite par la condition sexuée.

Se trouve déjà dans *Le Deuxième Sexe* la promesse d'un monde délivré du conflit par l'extinction de la dualité du masculin et du féminin. La guerre des sexes, les inégalités perdureront aussi longtemps que la féminité, ce que la société a défini comme telle, se perpétuera. « Le fait est, écrit Beauvoir en 1949, que ni les hommes ni les femmes ne sont aujourd'hui satisfaits les uns des autres [espérons, soit dit en passant, qu'entre un homme et une femme, il s'agit d'autre chose que de satisfaction]. Mais la question est de savoir si c'est une malédiction originelle qui les condamne à s'entre-déchirer ou si les conflits qui les opposent n'expriment qu'un moment transitoire de l'histoire humaine[78] ».

Pour la Moderne Beauvoir, cette insatisfaction réciproque, cette tension n'est qu'un moment transitoire de l'histoire, n'a rien d'une fatalité. La cause en est nécessairement sociale. Depuis Rousseau en effet, il n'est plus de malédiction, plus de péché originel (l'homme est né bon), seulement des maux fomentés par la vie en société. L'esprit technique de la modernité a renforcé ce rapport à la réalité qui n'est plus jamais appréhendée que comme un ensemble de problèmes à résoudre et non à « endurer ».

Or, la réconciliation des sexes est suspendue, pour Beauvoir, à l'avènement d'un monde où il n'y aura plus ni homme, ni femme, où la femme sera un homme comme les autres et réciproquement : « La dispute, écrit-elle ainsi, durera tant que les hommes et les femmes ne se reconnaîtront pas comme des semblables, c'est-à-dire tant que se perpétuera la féminité en tant que telle (cette féminité d'origine exclusivement sociale). » Simone de Beauvoir est ainsi déjà convaincue qu'il suffit d'en finir avec la féminité, avec la virilité, autrement dit avec la différence des sexes pour que l'avenir soit radieux, que les lendemains chantent.

Le Genre, qui postule une indifférenciation originelle ainsi que nous l'avons vu, est porteur de cette promesse : il entend hâter l'avènement de ce monde où il n'y aurait plus ni homme, ni femme,

78. Simone de Beauvoir, *Le Deuxième Sexe II*, *op. cit.*, p. 482.

seulement des individus rendus à une neutralité première, antérieure à cette chute dans la civilisation qu'est la naissance, libres de s'inventer des identités multiples, vagabondant à travers les genres et les sexualités.

Cette promesse résonne d'échos pauliniens. Dans ses épîtres, saint Paul annonce aux Galates : « Vous tous qui avez été baptisés en Christ, vous avez revêtu Christ », dès lors « il n'y a plus ni juif, ni grec ; il n'y a plus ni esclave, ni homme libre ; il n'y a plus ni l'homme ni la femme ; car tous, vous n'êtes qu'un en Jésus Christ[79]. » (Ga, 3, 27-28.) Sous le regard de Dieu, les différences, qu'elles soient ethniques, culturelles, sexuelles, sont inessentielles. Mais sous le regard des hommes, simplement hommes ?

Les philosophes du genre, eux, habitent le ciel et non la terre. La condition humaine, la pauvre condition, incarnée, divisée, faillible ne leur sied guère, aussi ont-ils pris le parti de la nier pour mieux la réformer, la régénérer. Et ils ne s'y trompent pas. L'état sexué et l'altérité sexuelle sont l'indice de la finitude, de l'imperfection de la condition humaine. Lorsque, dans l'art du bas Moyen Age et de la Renaissance, entre 1350 et 1550, les peintres découvrent à l'œil du spectateur le sexe de l'enfant Jésus, ce n'est pas, ainsi que le rappellent

79. Ne nous y trompons pas toutefois, ne faisons pas trop d'honneur au genre en lui donnant de tels glorieux précédents, là où le chrétien se dépouille de sa particularité pour revêtir le vêtement du Christ, l'homme contemporain est au contraire abandonné par le Genre à l'ivresse des possibles.

les historiens d'art Jérôme Baschet et Jean-Claude Schmitt, par souci de réalisme ou de naturalisme, non plus, comme dans le cas de Dionysos, pour souligner sa force virile, mais pour signifier sa participation à la condition humaine[80]. Le motif de cet *ostentatio genitalium*, de cette « exhibition » des organes génitaux du fils de Dieu, « soulignée parfois par un attouchement du sexe accompli généralement soit par l'enfant lui-même soit par sa mère », est théologique : il s'agit d'insister sur les implications de l'Incarnation, de montrer que « le Christ a assumé la chair en tant que chair ». « Selon l'adage augustinien remis à l'honneur par la théologie, les artistes de la Renaissance, expliquent les deux historiens, voulurent montrer que le Christ avait assumé la nature humaine "dans toutes les parties qui constituent un homme", y compris la partie "inférieure" du corps, dont le sexe qui, plus que les parties supérieures de la tête ou de la poitrine, symbolisait l'existence terrestre de l'homme. »

La condition incarnée est condition sexuée, et condition sexuée selon deux sexes, qui plus est. Dans les premiers temps du christianisme, jusqu'à ce que la théologie chrétienne se rallie à la thèse de saint Augustin, la différence des sexes était tenue pour une imperfection, comme elle l'est pour Aristophane (et non pour Socrate) dans *Le Banquet* de Platon.

80. Jean-Claude Schmitt, Jérôme Baschet, « La "sexualité" du Christ » in *Annales. Economies, Sociétés, Civilisations*. 46e année, no 2, 1991, pp. 337-346. Il s'agit d'une recension approfondie de l'ouvrage de Leo Steinberg consacré à la sexualité du Christ.

La pensée d'une indifférenciation originelle a des précédents, notamment dans la patristique. Elle est présente chez Grégoire de Nysse. Pour ce père de l'Eglise du IVe siècle, « la division actuelle des sexes entre hommes et femmes faisait partie de la condition anormale des êtres humains en ce monde », explique Peter Brown dans *Le Renoncement à la chair.* La différence anatomique des sexes est antérieure à la faute, mais au paradis, elle est inactive. Elle n'est donc ni la cause, ni la punition du péché, mais son remède en quelque sorte. Devenu mortel, l'homme ne peut obéir à l'injonction divine de croître, de se multiplier et d'emplir la surface de la terre que par l'union charnelle. « Dieu avait prévu qu'Adam en aurait besoin, aussi avait-il créé la nature humaine à la fois à sa propre image et aussi comme homme et femme. L'aptitude à la différenciation sexuelle avait été logée dans la nature humaine comme un "dispositif de sécurité". Dans le paradis d'Adam, la division potentielle entre les sexes avait été totalement latente. » Condition *sine qua non* de la reproduction, de la génération, la différence des sexes permettait à une humanité devenue mortelle « de continuer sa tentative désespérée pour endiguer la marée de la mort, en produisant une progéniture[81] ».

Pour les manichéens, la distinction des sexes est l'ouvrage du diable, ce principe de division par excellence. Jérôme Baschet fait d'ailleurs observer que dans l'art médiéval, entre le XIe et le XIIIe siècle, la dualité sexuelle se trouve très marquée

81. Peter Brown, *Le Renoncement à la chair*, *op. cit.*, p. 358 et 359.

dans les figurations de l'enfer alors qu'elle est quasiment absente de l'iconographie du paradis. Ainsi, pour ne prendre qu'un exemple mais particulièrement saisissant, dans la sculpture romane, à Moissac notamment, parmi les représentations des vices voués aux châtiments éternels, apparaît le motif, appelé à une remarquable postérité[82], de la luxure sous les traits d'une femme mordue aux seins et au sexe par des serpents ou des batraciens.

Mais plus largement, en promettant l'avènement d'une humanité ayant surmonté, dans une grande synthèse androgyne, la dialectique du masculin et du féminin, de quoi le genre prétend-il nous délivrer sinon de ce désir que l'homme et la femme s'inspirent respectivement en vertu de leur insurmontable altérité ? Bonne nouvelle que celle annoncée par l'apôtre de Tarse peut-être. Mais pour qui ? Pour ceux qui n'exècrent rien tant que ce jeu qui se joue entre les hommes et les femmes en vertu de leur essentielle différence. L'acharnement que nous mettons à rendre l'homme et la femme substituables l'un à l'autre, cette passion de l'indifférencié ne seraient-ils pas une façon de conjurer ce qui hante l'Occident depuis l'origine, ce désir opaque, obscur dont l'humanité s'est toujours méfiée, à juste titre, à très juste titre ? Force est de déceler dans cette théorie et la politique qui l'inspire une hantise du désir, en l'espèce du désir hétérosexuel, qui ne le

82. Qu'on pense aux terribles *Amants trépassés* du musée de l'Œuvre-Notre-Dame de Strasbourg, dont le peintre reste anonyme, qui date de 1470.

cède en rien à ceux que l'on qualifie de puritains. L'altérité sexuelle dont le Genre nous promet la neutralisation, l'extinction, n'a pas sa seule fin dans la procréation, la filiation et la famille. « Jouir, rappelle Pascal Quignard, connaît quelque chose de plus que la reproduction qu'elle permet dans les faits[83] ». Cultivée, exaltée, accentuée, l'asymétrie des sexes, dont on veut nous faire accroire qu'elle n'a servi que la domination des femmes – j'y reviendrai –, polarise les relations hommes-femmes et du même coup les érotise. L'Occident a redouté ce désir, s'en est méfié mais ne s'y est pas dérobé : ses peintres, ses poètes, ses romanciers, ses compositeurs n'ont pas cessé de l'explorer dans ses délectations, ses périls, ses abîmes. Le genre à l'inverse prend la poudre d'escampette.

Contre ce désir impur, coupable, saint Paul avait trouvé la parade : un désir non consommé s'exacerbe, le mariage serait le lieu de sa satisfaction et donc de sa neutralisation. La conjugalité s'est imposée comme assurance prise contre le bouillonnement des sens. Le Genre a conçu un remède autrement radical, extirper le mal à la racine, à savoir la différence des sexes. Eros vit de la polarité du masculin et du féminin ? Le Genre coupe les ailes du désir. Les tenants du genre aspirent à un monde purifié de cet élan qui entraîne l'homme vers la femme et réciproquement. Le monde de la différence des sexes est, comme l'écrit Jean Clair, « un monde traversé, parcouru, zébré des rets du désir ».

83. Pascal Quignard, *Vie secrète*, Gallimard, Folio, 1999, p. 153.

Cette hantise et cette exécration du désir, qui sont au cœur du Genre, sont capitales car après tout, s'il est un chapitre sur lequel féministes exaltées, progressistes bon teint et certains des opposants au Genre sont susceptibles de se rejoindre, n'est-ce pas celui-ci (comme la gauche et la droite se sont retrouvées dans la pénalisation de la prostitution) ? On observera que jamais cet argument n'apparaît dans le combat que mènent vaillamment les militants anti-genre. L'homme qui aime les femmes ne rencontre sans doute guère plus de partisans dans les rangs de la Manif pour tous que parmi les militants du genre.

Dans son livre sur Klimt et Picasso, ces deux peintres également « mus par un éros sans mesure », Jean Clair distingue deux manières de conjurer la charge érotique de la femme, deux modalités de l'exorciser. Picasso, avec *Les Demoiselles d'Avignon*, conjure en dénaturant : « Il n'hyperbolise pas, écrit l'auteur du *Nu et la norme*[84], il abolit » ; Klimt à l'inverse, avec le *Portrait d'Adèle Bloch-Bauer* qui date de la même année, 1907, prend le parti de déchaîner la « furie érotique », d'enflammer « le symbolisme sexuel en sursaturant les attributs décoratifs qui le désignent à notre regard ». Et, en guise de conclusion à cette lumineuse étude comparée des deux peintres et de leur figuration respective de la femme, de la féminité et de la sexualité, Jean Clair formule une sorte de vœu : Picasso, « avec *Les Demoiselles d'Avignon*, a acquis une célébrité mondiale.

84. Jean Clair, *Le Nu et la Norme. Klimt et Picasso en 1907*, Gallimard, 1988.

Klimt, avec son *Portrait d'Adèle Bloch-Bauer*, attend encore son heure ».

Mais sonnera-t-elle jamais ? Le Genre, n'est-ce pas le triomphe du Picasso des *Demoiselles*, « ce formidable tableau de sexe et de mort » mais dépourvu de tout érotisme, sur le Klimt du *Portrait* de l'artiste viennois vibrant de sensualité et de volupté ?

## *Le genre, un nouveau puritanisme*

La formule a de quoi surprendre. Les partisans du genre se présentent au contraire comme les pourfendeurs d'un rigorisme moral dont nous resterions tributaires et qui expliquerait notre attitude critique à leur endroit. Mais le corset moral aujourd'hui, ce ne sont pas les chrétiens et autres esprits prétendument étriqués, crispés, bref réactionnaires, qui en resserrent toujours plus les fils, ce sont les idéologies les plus progressistes, celles qui, en dépit du XX^e^ siècle, continuent de croire en une fin de l'histoire, en un monde réconcilié, délivré des ténèbres, des ombres, des aspérités de la condition humaine. Et qui, en vertu de cette loi de l'histoire dont ils seraient les confidents, refaçonnent l'humanité.

Nous n'avons plus guère besoin de la religion pour prôner l'abstinence, la continence, prêcher l'ascétisme le plus strict. Les penseurs du genre s'en chargent très bien. Ainsi, de la philosophe Beatriz Preciado, représentante radicale du *Queer*, considérée toutefois comme suffisamment représentative d'un mouvement de fond pour que le quotidien *Libération* lui ouvre une fois par mois ses colonnes. En 2000, elle publie *Manifeste contra-sexuel*, dans lequel elle s'enquiert des moyens de donner un congé définitif à l'hétérosexualité. Il ne suffit pas, pour ce faire, de devenir lesbienne, l'hétérosexualité ne sera morte et enterrée que lorsque le sexe de la femme se fermera définitivement à toute pénétration. Au couple vagin/pénis, la philosophe substitue ainsi le couple anus/godemichet. Beatriz Preciado est de nouveau intervenue en ce sens à la faveur des manifestations de protestations contre le projet de loi antiavortement du gouvernement espagnol, sommant les femmes de parachever le processus de « décolonisation de l'utérus » amorcée par le féminisme des années 1970, en déclarant la « grève de l'utérus » non pas temporairement, comme moyen d'action, de pression sur les hommes, ainsi qu'on le voit chez Aristophane, mais originellement, et à défaut définitivement : « Depuis cette modeste tribune, écrit-elle dans le journal *Libération* du 17 janvier 2014, j'invite tous les corps à faire la grève de l'utérus. Affirmons-nous en tant que citoyens entiers et non plus comme utérus reproductifs. Par l'abstinence et par l'homosexualité, mais aussi par la masturbation, la sodomie, le fétichisme, la coprophagie, la zoophilie… et l'avortement. Ne laissons pas pénétrer dans nos vagins une seule goutte de sperme national catholique. »

L'idéal en somme, pour le genre, serait de n'avoir pas de sexe. Qu'est-il sinon un vil attribut qui nous condamne à une identité sexuée, un appendice au mieux inutile, au pis complice, en tant qu'instrument de la reproduction, de l'ordre hétérosexué, ou encore, comme on pouvait le lire dans un article du *Monde* qui se faisait le porte-voix des artistes *queer*, un « organe dont on pourrait se passer pour vivre ou cesser d'utiliser durant des années[85] » ?

A défaut d'être asexué, reste la possibilité d'ignorer ce sexe, de nier la condition humaine comme condition sexuée. On ne passe plus d'un sexe à un autre, nous expliquent les apôtres du Genre, on passe d'une personne à une autre. « On tolère mieux l'idée qu'un individu puisse être attiré par une personnalité et que l'organe sexuel importe peu. On commence à se soustraire à l'impératif du genre », se félicite le sexologue Damien Mascret[86]. Autrement dit, il n'y a plus, il ne devrait plus y avoir d'essence particulière du corps féminin ou masculin, les corps devraient être perçus comme des objets quelconques, hors de toute physionomie sexuelle. Et l'ambivalence du désir érotique à laquelle Merleau-Ponty a donné son expression la plus rigoureuse, inhérente à notre nature incarnée, au fait d'être âme et corps, serait ainsi surmontée : « L'amour n'est pas seulement du corps puisqu'il vise quelqu'un ; il n'est pas de l'esprit seulement puisqu'il le vise dans son corps ainsi surmontée. » Ambivalence, ambiguïté que la femme vit de façon plus intense encore, elle qui, pour capter le désir masculin, exalte le pouvoir de séduction de son corps tout en voulant être désirée comme personne. Le genre

85. *Le Monde*, 8 mars 2014.

86. Magazine *Elle*, « Aimer les filles et les garçons », 21 mars 2014.

se dérobe ainsi, en postulant un sujet désexualisé, à ces tensions constitutives de l'expérience érotique, comme il se dérobe ou voudrait se dérober à toutes les tensions de la condition humaine.

### *La fin heureuse de la sexualité ou le phallus évanoui*

Au final, le Genre, relayé par les instances les plus autorisées, entend accomplir ce que Roland Barthes ne faisait qu'imaginer : la fin heureuse de la sexualité. « La sexualité, écrit-il dans son *Roland Barthes, telle que nous la parlons, et en tant que nous la parlons,* est un produit de l'oppression sociale, de la mauvaise histoire des hommes : un effet de civilisation, en somme. Dès lors, il se pourrait que la sexualité, *notre* sexualité, fût exemptée, périmée, annulée, *sans refoulement,* par la libération sociale : évanoui le Phallus[87] ! »

### *La subversion du Genre*

La prétention autoproclamée des pro-genre à la subversion, que nous n'avons cessé de rencontrer, mérite, pour achever cette présentation, d'être interrogée. Ceux-ci aiment à se draper dans les habits du révolutionnaire et à renvoyer leurs contempteurs dans le camp des réactionnaires – et non des

---

87. *Roland Barthes par Roland Barthes,* Le Seuil, coll. Ecrivains de toujours, 1995, pp. 144-145.

conservateurs, ce qui aurait sa pertinence, nous considérons en effet qu'il y a des choses à conserver dans l'histoire qui nous est léguée en ce domaine de la différence homme/femme –, c'est-à-dire des militants d'un retour à un ordre qui n'existe plus et les complices d'une société hostile aux forces du progrès, à la marche en avant. Notre résistance ne s'expliquerait que par notre impuissance à surmonter nos archaïsmes, comme on peut le lire ou l'entendre quotidiennement, par notre attachement à des formes surannées, bref, elle ne serait jamais que l'indice d'une société arc-boutée sur ses codes, ses normes, ses coutumes et ne redoutant rien tant que le désordre.

Il est une chose que, depuis les années 1960, la gauche se refuse à comprendre : sa passion du changement trouve son plus fidèle allié dans son prétendu ennemi, l'économie capitaliste et la loi du marché. « La logique de l'argent coexiste avec la logique de l'ordre », dit sentencieusement Jean-Pierre Léaud dans *Masculin féminin* qui date de 1966. Mais Jean-Luc Godard se trompe. La disparition des frontières, l'effacement des normes, le brouillage des identités sexuelles grisent au contraire les marchés qui n'y voient que promesse de gains. Loin d'entraver un tel processus, le monde des affaires l'encourage. Le mariage homosexuel ? Une aubaine pour les « *wedding planners* » et autres prestataires de services spécialisés dans le commerce nuptial affectés par la désaffection du mariage par les couples hétérosexuels. L'indifférenciation sexuelle, l'interchangeabilité des sexes ? Une manne pour l'industrie des cosmétiques ou le commerce du jouet.

Les pro-genre enfoncent des portes déjà largement ouvertes, ils donnent le coup de grâce à un héritage sans héritiers, mais se contemplent dans le miroir embellissant de leur subversion : sans doute les sociétés traditionnelles avaient-elles le souci de leur propre continuité historique et par conséquent veillaient-elles à la sauvegarde des codes qui les régissaient mais les sociétés modernes, techniques et gouvernées par l'économie, ont la passion de la transformation, du changement, de l'obsolescence. La persévérance dans l'être, la durabilité ne sied guère à un monde gouverné par l'économie. Et la civilisation occidentale ne saurait compter, pour sa conservation, sur l'*homo œconomicus* qui la livre, sans scrupule, aux puissances d'aujourd'hui et de demain. Il serait temps que les progressistes comprennent qu'il n'est pas d'homme moins réactionnaire, moins conservateur que l'homme du grand ou moyen capital.

La vraie subversion n'est-elle pas plutôt du côté de ceux qui veillent sur cette asymétrie, exaltent cette différence des sexes qui s'obstine que de ceux qui n'ont rien de plus pressé que de la réduire, l'aplanir, l'abolir ?

## Vertus heuristiques du genre ?

La notion de genre est souvent vantée pour ses vertus heuristiques. En 1988, Joan W. Scott publiait un article, qui a fait date, intitulé « Genre : Une catégorie utile d'analyse historique[88]. » L'arrivée de la théorie du genre aurait été accueillie, à en croire Judith Butler, avec « euphorie » : « Soudain, se remémore-t-elle, nos travaux devenaient fondamentaux. Soudain, aucune science humaine ne pouvait se passer de nous[89]. » Nombreux sont ceux qui, y compris parmi ses opposants, sont disposés à reconnaître à la notion de genre les vertus d'un concept opératoire.

Je ne souscris pas à cette quasi-unanimité. Ce petit vocable est par trop chargé de significations idéologiques pour rendre la recherche fructueuse. S'il ne s'agissait que d'injecter le sens de l'historique dans ce que l'on est enclin à tenir pour naturel, nous pourrions à la rigueur lui concéder quelque utilité – même si l'historicité de l'amour, du masculin et du féminin, n'a pas attendu l'émergence de cette notion pour se faire sentir et être explorée, pensée.

---

88. Joan W. Scott, « Genre : Une catégorie utile d'analyse historique », in *Les Cahiers du GRIF*, n$^{os}$ 37-38, 1988. *Le genre de l'histoire*, pp. 125-153.

89. Judith Butler, *Défaire le genre*, *op. cit.*, p. 237.

Il est faux en effet de soutenir que le Genre a ouvert un champ d'exploration inédit, il l'a assurément stimulé mais il ne l'a pas défriché. L'histoire du sentiment amoureux, de l'ordonnancement des rapports entre les hommes et les femmes a retenu l'attention de chercheurs qui parlaient encore de sexe, de beau sexe, de sexe faible, d'identité sexuelle, et croyaient encore à la différence naturelle des sexes. Les travaux de Denis de Rougemont, pour ne prendre qu'un exemple, sont antérieurs à l'avènement du Genre et ne souffrent guère de son absence. « Je n'ai pas voulu flatter ni déprécier ce que Stendhal nommait l'amour-passion, mais j'ai tenté de le décrire comme un phénomène historique », écrit ainsi l'auteur de *L'Amour et l'Occident* en 1938. Et Sartre, lecteur attentif et jouteur de cet ouvrage, s'attache tout particulièrement à cet aspect : « Pour D. de Rougemont, résume-t-il, l'amour-passion n'est pas une donnée primitive de la condition humaine, on peut assigner une date à son apparition dans la société occidentale et on peut imaginer sa totale disparition », et Sartre d'observer : « Chez M. de Rougemont, qui est chrétien, tant d'historisme peut surprendre[90]. » Mais Balzac lui-même n'est-il pas déjà un des plus pénétrants historiens de la femme, infatigable explorateur des transformations qui affectent la condition féminine dans les temps postrévolutionnaires, des séductions nouvelles qui s'attachent à la femme moderne ?

90. Sartre, « Denis de Rougemont : "L'amour et l'Occident" » in *Situations, I Critiques littéraires*, Gallimard, 1947, Folio essais, 1993, p. 60.

« Balzac, écrit fort justement Michel Butor, admire les femmes d'antan mais il est émerveillé par la variété féminine qui se développe en son temps ; il n'en finit pas de la détailler[91]. » Nous en avons un exemple remarquable dans une des magnifiques nouvelles qui composent ses *Etudes de femme.* L'histoire qui nous est racontée l'est par Horace Bianchon, le médecin de *La Comédie humaine,* qui nous dit précisément en avoir gardé le souvenir « moins à cause d'une confidence où l'illustre de Marsay mit à découvert un des replis les plus profonds du cœur de la femme, qu'à cause des observations auxquelles son récit donna lieu sur les changements qui se sont opérés chez la femme française depuis la fatale révolution de Juillet[92]. »

Au reste, le Genre, ainsi qu'on l'a vu, ne se contente pas de mettre au jour « l'ensemble des sédimentations culturelles déposées par les siècles sur la nature », ainsi que l'observait Mona Ozouf, il postule une rupture parfaite avec le donné naturel qui interdit de penser cette variabilité à travers le temps et l'espace comme variations sur un même thème. L'homme et la femme n'existant pas, ce que l'homme et la femme d'hier ont éprouvé, vécu m'est étranger et s'ils ne le sont pas, ce n'est pas que quelque nature se rappellerait à moi mais par héritage non encore

91. Michel Butor, *Scènes de la vie féminine. Improvisations sur Balzac III,* Editions de la Différence, 1998.

92. Balzac, « Autre étude de femme » in *Les Secrets de la princesse de Cadignan et autres études de femme,* Gallimard, Folio classique, 1980, p. 43.

liquidé. Cette identification témoigne de mon aliénation à une représentation de la femme, de l'homme, du désir qui les entraîne l'un vers l'autre, historique et donc périmée, obsolète.

Le genre pose, enfin, que la relation homme-femme est toujours et partout justiciable d'une lecture en termes de domination. « Le genre, écrit Joan W. Scott dans l'article précédemment cité, est une façon première de signifier des rapports de pouvoir. » Certains chercheurs, les médiévistes notamment, redoutent les risques d'anachronisme et reprochent à l'historiographie anglo-saxonne acquise au genre de plaquer des problématiques contemporaines sur les sociétés médiévales[93].

Quelles vertus heuristiques reconnaître à un instrument d'exploration qui anticipe à ce point sur les résultats de son enquête ? Le chercheur ne sait-il pas par avance ce qu'il trouvera ? Sans doute découvrira-t-il des variations, des modulations, mais sur un canevas inchangé. Quels que soient la période, l'œuvre, le discours étudiés, la même intrigue se répète, la même conclusion s'impose, monotones, prévisibles, ennuyeuses – mais lesdits chercheurs ne s'ennuient jamais manifestement.

La notion de Genre, d'identité de genre, en lieu et place de celle de sexe, d'identité sexuelle est de ces notions, fleurissantes ces dernières décennies, créées de toutes pièces pour nous tenir à l'écart de

---

93. Caroline Jeanne, « La France : une délicate appropriation du genre », *Genre & Histoire* 3, Automne 2008, accessible en ligne http://genrehistoire.revues.org/349.

la réalité. Le genre est l'autre nom d'une identité sexuelle sans sexe.

## *L'inédit de la condition féminine*

Je suis d'autant moins portée à reconnaître quelque vertu heuristique au concept de genre qu'il ne permet en aucune façon de rendre compte de l'inédit de la condition féminine, des ambivalences dont la femme contemporaine, la femme d'après l'émancipation, est le siège, et qui n'ont rien à voir avec quelque reliquat d'une société de type patriarcal.

La fulgurance du processus d'émancipation rend difficile à penser l'inédit de la condition féminine qui en est sortie mais ne nous en dispense pas. Les dilemmes qui traversent la femme moderne ne prennent sens qu'en référence à une « nature » qui tente de faire valoir ses droits contre un devenir historico-social qui lui est contraire. La femme contemporaine est plus déchirée que l'homme – bien que lui-même commence de l'être tant il ne comprend plus ce qui est attendu de lui : doit-il fatalement mettre sous le boisseau sa masculinité ? –, se combattent en elle des aspirations contradictoires : la femme moderne veut profiter des libertés nouvelles qui lui ont été reconnues mais la femme en elle réclame non moins son dû. Intrigue autrement passionnante que celle qui la réduit au statut de victime d'une société désespérément machiste, sexiste.

La femme est *naturellement* portée à contracter des liens mais, sujets modernes, nous avons découvert la saveur de l'indépendance. Dans *Pourquoi l'amour fait mal*, la sociologue Eva Illouz, qui a le mérite de ne pas se laisser impressionner par l'interdit dont l'idée même de nature féminine ou masculine est frappée, suggère que l'esprit de la modernité, son individualisme au sens tocquevillien du terme, entre en résonance avec une propension naturelle à l'homme, son peu d'inclination à s'engager, à contracter des liens. La modernité l'autoriserait ainsi à lâcher la bride à la nature en lui. D'où le désarroi plus grand des femmes qui trouvaient dans le cadre social traditionnel un soutien, un adjuvant. Il convenait de se marier, d'avoir une famille. L'auteur oublie toutefois que si la femme, à la différence de l'homme, n'est pas naturellement portée à la déliaison, la femme d'aujourd'hui ne dédaigne pas une certaine indépendance. Elle aime à n'avoir de comptes à rendre à personne, tend à voir à son tour dans les liens une entrave, sans rien perdre toutefois de son besoin de protection, de sa dépendance affective – qui n'est pas en soi une maladie, contrairement à ce que notre époque a décrété, l'industrie pharmaceutique se mettant en quête de remède à cette pathologie. Le premier penseur de cette réalité moderne, qui fait de la femme un être en tension, divisée entre son besoin d'attachement, son désir d'être possédée et son goût de l'indépendance, de la liberté sexuelle conquise, est une romancière, Colette, qui a merveilleusement assumé les ambivalences de l'émancipation féminine, pour emprunter à Nathalie Heinich le titre d'un de ses essais[94]. Ainsi la *Vagabonde*, Renée Nérée, libérée des entraves conjugales, n'escamote rien du clair-obscur de cette solitude recherchée, voulue : « Il y a des jours où la solitude est un vin grisant qui vous soûle de liberté, et d'autres jours où c'est un tonique amer, et d'autres jours où c'est un poison qui vous jette la tête aux murs[95]. » On s'arrêtera sur la description, d'une âpre lucidité, de ce réveillon de Noël avec, quand tous, autour d'elle, font ribote, en guise d'agapes rien d'autre que « le beau raisin de serre que m'avait apporté mon vieil ami Hamond », et pour seul compagnon, Fossette, sa chienne. « J'ai lutté, me moquant de moi-même, contre une jalousie chagrine d'enfant qu'on a oublié d'inviter[96] ». Enfin, la hantise d'en oublier jusqu'au désir : « Des sens ? Oui, j'en ai... J'en avais, du temps où Adolphe Taillandy [l'époux dont elle a divorcé] daignait s'occuper d'eux. (...) Il y a des jours lucides où je raisonne durement contre moi-même : "Prends garde ! Veille à toute heure ! Tous ceux qui t'approchent sont suspects mais tu n'as pas de pire ennemi que toi-même ! Ne chante pas que tu

94. Colette, *Les Ambivalences de l'émancipation féminine*, Albin Michel, 2003. Essai très stimulant où la sociologue se fait la fine analyste de nos tentatives d'esquive par rapport à cette tension qui constitue la femme moderne, de sa résistance à la lucidité, et de la tentation toujours plus forte d'imputer la responsabilité de son désarroi à la société.

95. Colette, *La Vagabonde*, Hachette, Le Livre de poche, 1990, p. 60.

96. *Ibid*, p. 98.

es morte, inhabitée, légère : la bête que tu oublies hiverne, et se fortifie d'un long sommeil[97]... »

J'ai cité Colette, tant il est vrai que la littérature, le cinéma jettent un éclairage autrement saisissant sur cette réalité nouvelle que les études de genre. La femme émancipée d'aujourd'hui a des ancêtres dans certaines figures féminines de la première moitié du XXe siècle. On pense par exemple au magnifique personnage d'Irène interprété par Sabine Azéma dans *Un dimanche à la campagne* de Bertrand Tavernier qui se déroule en 1912, femme émancipée, exubérante, éclatante de vie, elle fume, impressionne ses neveux au volant de sa voiture, parfait contrepoint au couple, morne, collet-monté, formé par son frère Edouard et son épouse Marie-Thérèse, et en coulisses, le dépit d'une femme amoureuse qui attend, fébrile, le coup de téléphone d'un amant volage.

97. *Ibid*, p. 103.

# La politique du genre

Si les hommes et les femmes ne sont pas encore partout et toujours substituables les uns aux autres, ce n'est pas, ce ne peut être, pour les progressistes instruits par le Genre, que la nature fasse de la résistance ni même que notre modèle de civilisation garde un charme irrésistible, mais que les esprits restent tributaires de stéréotypes véhiculés par une société de type patriarcal et soucieuse de sa reproduction. Tout étant historique, la moindre résistance des hommes à devenir des femmes comme les autres est immédiatement imputée à des résistances sociales, interprétée comme signe de crispation, d'archaïsme de pensée et de comportement. Aussi se promettent-ils d'en venir à bout. « Ce n'est qu'une question de volonté », bourdonnent-ils.

Les femmes restent minoritaires parmi les pompiers ou dans le secteur du bâtiment et des travaux publics ? Ce ne peut être que l'indice d'une société irrémédiablement sexiste. Les hommes et les femmes ne sont ainsi pas encore, partout, c'est-à-dire, jusque dans la sphère intime, substituables les uns aux autres, interchangeables ? C'est à marche forcée, à coups de mesures répressives qu'ils le deviendront. Les pouvoirs publics s'autorisent ainsi à pénétrer la sphère privée au motif que ce qui s'y déroule n'est pas sans conséquence sur la vie professionnelle des femmes. L'espace privé ? « Un lieu de rapports de pouvoir à démocratiser si l'on veut penser et agir pour l'égalité », déclarait en mars 2013 Réjane Sénac, chercheur au CNRS et membre du comité de pilotage du programme PRESAGE à Sciences-Po.

Les pères rechignent à prendre leur « congé paternité » (97% des bénéficiaires actuels du congé parental sont des femmes) ? La famille tout entière en sera sanctionnée : pour le premier enfant, la durée du congé parental s'élèvera à un an à la condition exclusive que le père en assume la moitié, sinon il sera réduit à six mois ; à partir du deuxième enfant, la durée du congé parental restera de trois ans si et seulement si le père assume au moins six mois, faute de quoi il sera réduit à deux ans et demi.

Cette disproportion a cependant un sens. Le père n'est pas « une maman comme les autres ». Parce qu'il n'a pas porté l'enfant pendant neuf mois, parce qu'il ne lui appartient pas de le nourrir, parce que biologiquement il en a toujours été séparé et qu'il n'y a donc pas de cordon ombilical à couper, au sens propre comme au sens figuré. Le congé parental dans le cas de la mère a un sens, et ce sens est fondé en nature ; qu'il soit une possibilité offerte aux pères, pourquoi pas, mais entre-t-il dans les prérogatives de l'Etat de s'immiscer ainsi dans ces affaires intérieures ? Que veut-on en outre, un monde fonctionnarisé, composé d'êtres substituables à loisir ? Le couple, la famille *fonctionnera* d'autant mieux que l'un sera l'autre sexe.

Or, si l'identité sexuelle n'est pas que de genre mais aussi de sexe, si tout n'est pas construit, la politique qui est menée actuellement change de sens. Il s'agirait alors de modifier la condition humaine et non pas de corriger des injustices. Je n'ai guère le goût des analogies historiques, mais on ne peut qu'être frappé de voir un gouvernement s'engager dans pareille entreprise d'ingénierie sociale. S'il est une leçon à retenir des totalitarismes, nazi et stalinien, c'est bien que l'homme n'est pas un simple matériau à façonner selon la logique d'une idée, aussi généreuse fût-elle. Hannah Arendt nous avait mis en garde contre une politique du « tout est possible » qui n'avait jamais rien prouvé d'autre, que tout pouvait être détruit.

### *La chasse aux préjugés sexistes*

« Pas touche à nos stéréotypes de genre ! » pouvait-on lire sur les banderoles des opposants au Genre du collectif La Manif pour tous, lors des manifestations contre la politique éducative du gouvernement Ayrault en février 2014. On l'a dit en ouverture, les anti-genre ne nous facilitent pas toujours la tâche. Il ne s'agit évidemment pas de défendre les stéréotypes mais de prendre garde à ne pas rabattre toute pensée de la différence des sexes sur des stéréotypes, des préjugés sexistes. Cette question doit être prise à bras-le-corps car l'accusation porte auprès de nos contemporains qui se sentent rapidement coupables d'entretenir des stéréotypes sexistes quand ils ne font que maintenir vivante la distinction des sexes. Impressionnés par cette rhétorique d'une complicité dans le processus de reproduction d'une société inégalitaire et discriminante, les adultes, parents, professeurs, éducateurs battent leur coulpe, passent à confesse, rendent grâce à la théorie du genre en général et aux ABCD de l'égalité en particulier de leur avoir fait prendre conscience de leur complicité dans le processus de *reproduction* de la différence des sexes. Ils avouent, autrement dit, qu'en effet, jusqu'à présent, ils continuaient à voir dans leurs enfants ou leurs élèves des garçons et des filles, des êtres incarnés, non des anges éthérés, asexués.

Sous couvert de servir l'égalité, la chasse aux préjugés et aux stéréotypes sexistes est ouverte. Mais qu'est-ce qu'un stéréotype sexiste ? Toute pensée de la différence des sexes n'est-elle pas menacée d'être requalifiée de stéréotype sexiste ? Et le premier des stéréotypes, n'est-il pas de croire en quelque chose comme une différence des sexes ? On assiste dans ce domaine à une dérive analogue à celle qu'a entraînée le combat contre le racisme, et contre laquelle, non sans témérité, Claude Lévi-Strauss nous a mis en garde. Dérive qui n'est peut-être pas fortuite si l'on se souvient que la notion de sexisme a été forgée sur le modèle du mot racisme. De la même façon en effet que se trouve assimilé à une attitude raciste tout attachement à la spécificité et à la pluralité des civilisations, se trouve rangée sous cette catégorie nébuleuse de sexisme toute attitude qui témoigne de la persistance et de la fidélité à l'identité sexuée. Offrir une poupée à une petite fille, est-ce faire montre de sexisme (autrement dit de discrimination, d'injustice), la chargeant par avance du fardeau de l'éducation d'un enfant, ou bien simplement reconnaître une réalité, à savoir que des deux sexes, elle incarne celui qui donne la vie ?

Dans ce contexte, qu'adviendra-t-il de notre héritage littéraire, artistique, cinématographique qui n'a eu d'autre objet au fond que l'exploration de cette énigme que l'homme est pour la femme et la femme pour l'homme ? Quelle œuvre de notre patrimoine littéraire ne tombera pas sous le coup d'une telle accusation ?

Que feront les professeurs chargés de « sensibiliser » nos enfants à l'histoire de l'art lorsque, visitant le Louvre, ils seront confrontés au *Brutus* de David ou à son *Serment des Horaces*, ce peintre allant jusqu'à inscrire dans l'espace du tableau l'asymétrie du masculin et du féminin ? Et si d'aventure, ils leur faisaient encore lire Corneille, pourraient-ils entrer dans les vues de Camille et de Sabine concernant la répartition sexuée des rôles, les femmes réclamant, en congruence avec leur nature, le droit de pleurer les vaincus tout en reconnaissant qu'il n'appartient pas aux hommes de se laisser gagner par de tels affects et de ne connaître que l'honneur de la patrie ? Barthes disait que le destin de Flaubert était lié au destin de la langue, assurément, mais il est non moins suspendu aux interdits dont on frappe certaines réalités. Que deviendront Balzac, Stendhal, Jane Austen, Henry James, Philip

Roth, Milan Kundera ? Et Mankiewicz, Hitchcock, Truffaut, Bergman ? Que ferons-nous de ces inlassables explorateurs de la différence des sexes, fins limiers du désir que l'homme et la femme s'inspirent, du jeu qui se noue entre eux, des drames qui les déchirent ? Les considérerons-nous comme des victimes de ce funeste postulat anthropologique de l'altérité sexuelle, ou bien les condamnerons-nous pour complicité avec l'ennemi, propagateurs d'une différenciation, facteur d'inégalité voire de domination ?

Le futur n'est d'ailleurs pas de mise. Cette traque aux préjugés sexistes atteint déjà sans discernement tout ce qui a été pensé sous les catégories du masculin et du féminin.

On ne brûle peut-être plus de livres – la barbarie procède avec douceur désormais, comme l'a analysé Jean-Pierre Le Goff[98] –, mais certains sont réécrits, d'autres mis à l'index, comme dans les crèches suédoises dites neutres, qui ont déjà procédé à un grand ménage dans leurs bibliothèques et les ont expurgées des histoires susceptibles d'entretenir la « fiction » du masculin et du féminin. *Cendrillon*, *Blanche-Neige* sont ainsi bannis au profit d'histoires telles que *Kivi och Monsterhund* (*Kivi et le chien monstrueux*) dont le héros porte un prénom asexué et où les pronoms masculin et féminin sont exclus au profit du neutre (*hen*), ce pronom forgé, ainsi qu'on l'a déjà dit, de toutes pièces afin de désigner une personne

98. Jean-Pierre Le Goff, *La Barbarie douce. La modernisation aveugle des entreprises et de l'école*, Editions La Découverte, 1999.

sans faire référence à son sexe et échapper ainsi au piège de l'alternative du masculin et du féminin.

Il est une autre méthode encore de s'arranger avec l'héritage, celle que nous invitent à pratiquer les ABCD de l'égalité, la déconstruction au sens derridien du terme, comme on va le voir. Que faire avec les « textes patrimoniaux et notamment les contes » qui restent inscrits au programme alors même qu'ils sont les émissaires des stéréotypes sexistes ? Telle est la question à laquelle répond le parcours consacré à la « figure de la Belle ». Si hier les femmes qui lisaient des romans étaient tenues pour dangereuses et si l'Eglise recommandait de les en tenir éloignées, en tout cas de surveiller avec la dernière sévérité leurs lectures, n'est-ce pas par l'effet d'identification qu'elle en redoutait ? Ces jeunes filles pures ne risquaient-elles de naître aux désirs en lisant des romans ? Si aujourd'hui nous n'interdisons pas encore la lecture des contes traditionnels, les responsables éducatifs ne tremblent pas moins cependant que les curés d'hier de voir la jeunesse s'abreuver à cette source impure. A continuer d'inscrire aux programmes de lecture des élèves de primaire *Cendrillon* ou la *Belle au bois dormant*, l'Education nationale se rendrait coupable d'entretenir le « mythe » de la différence des sexes et du désir hétérosexuel si elle ne les assortissait pas d'une sorte de kit de déconstruction des schémas qui gouvernent ces histoires. Ce que l'école s'emploie à défaire d'un côté, Perrault viendrait le refaire de l'autre. Il était donc temps, grand temps d'agir.

L'objectif est d'empêcher tout processus d'identification du lecteur, en l'occurrence du très jeune lecteur, avec les héros et héroïnes de ces contes, pour ce faire de rompre le charme que *La Belle au bois dormant* ou *Cendrillon* sont susceptibles d'exercer sur les jeunes esprits. Les auteurs proposent à cette fin de passer ces contes au crible d'une lecture « genrée », c'est-à-dire de faire apparaître comme pure construction les qualités attachées à chacun des sexes. Le prince *n'est pas* vaillant, et la belle *n'est pas* belle, le prince *est dit* vaillant et la belle *est dite* belle mais l'inverse vaut tout autant. Et afin de parachever le travail de sape, une dernière étape jalonne le parcours, la lecture des versions parodiques de ces contes écrites par des auteurs contemporains instruits, eux, de ce que la beauté n'est pas la prérogative de la femme et la vaillance, celle de l'homme, de ce qu'être convoitée par un homme pour l'une, éveillé au désir par la beauté féminine pour l'autre ne sont que fictions destinées à enfermer ces êtres indifférenciés dans des identités sexuées et hétérosexuelles. La chasse aux préjugés est en effet ouverte sur deux fronts. Les garçons et les filles ou plutôt les individus nés de sexe masculin ou féminin doivent cesser non seulement de s'identifier à la masculinité *ou* à la féminité mais déduire de leur sexe de naissance leur sexualité. Ces contes sont en effet doublement coupables, coupables d'entretenir le mythe d'une identité sexuée mais coupables d'alimenter la fiction de l'hétérosexualité. D'où la nécessité d'introduire, pour faire contrepoids, des contes où les deux sexes resteront l'un pour l'autre de marbre, où, comme chez Vigny, « la Femme aura Gomorrhe et l'Homme aura Sodome, Et se jetant de loin, un regard irrité, Les deux sexes mourront chacun de son côté[99] ».

Ce qu'oublient les contempteurs de ces contes, c'est que ceux-ci ont traversé les siècles non seulement parce qu'ils sont en congruence avec un noyau indestructible de la condition humaine sexuée, mais parce qu'ils sont écrits dans une langue et avec un art qui les rend irréductibles à la construction de stéréotypes.

Si longtemps il a été entendu que la meilleure arme contre les préjugés, les stéréotypes, les automatismes de pensée était la formation de la raison entendue comme *logos*, c'est-à-dire et la transmission de la langue et l'art de l'argumentation rigoureuse, il semble que désormais l'inoculation d'un prêt-à-penser indiscuté, indiscutable, s'impose comme autrement efficace.

## *Formatage ou inscription dans un monde ?*

> *Les civilisations ne sont pas l'œuvre des enfants.*
> Margaret Mead

Il n'est rien de plus légitime, évidemment, que de vouloir affranchir les esprits des préjugés qui les accablent, mais le risque ici n'est-il pas d'assimiler tout ce qui a été *jugé avant* nous, par d'autres que nous, à

99. Alfred de Vigny, « La Colère de Samson » in *Les Destinées*.

des préjugés ? Venu d'une autre rive, temporelle, cet ordre symbolique, cet héritage qui nous est légué, se voit très vite requalifié de préjugés, et appelé à être déposé comme un bagage encombrant. Sans doute ce que nous entendons par masculin et féminin relève-t-il pour une large part de ce que Cornelius Castoriadis appelle l'imaginaire social, mais on ne délie pas ainsi les individus, *a fortiori* les enfants, les nouveaux venus, de la collectivité particulière dans laquelle ils entrent et à laquelle ils sont appelés à prendre part. Progressisme et individualisme s'allient ici funestement. Quid d'un individu qui aurait à se construire en dehors de tout donné, naturel aussi bien que culturel ? Et c'est ainsi que l'Education nationale est entraînée dans une entreprise qu'on peut à juste titre qualifier de nihiliste : il s'agit bien de briser les significations héritées pour ne les remplacer par rien… quant aux conditions minimales de l'éducation. L'individu ne saurait être pensé en dehors de son appartenance à une collectivité historique unique. Celle-ci ne le « formate » pas, elle l'inscrit dans un monde. « Heidegger se trompe, disait Hannah Arendt : l'homme n'est pas "jeté dans le monde" ; si nous sommes jetés – en quoi nous ne différons pas des animaux –, c'est sur la terre. Or l'homme est précisément accompagné et non pas jeté dans le monde, et c'est en cela précisément que consiste sa continuité et que se manifeste son appartenance. Malheur à nous si nous étions jetés dans le monde[100] ! »

---

100. Hannah Arendt, *Journal de pensée*, Tome II, août 1955, [68], Le Seuil, p. 743.

L'horrible mot de formatage, comme celui de normalisation, tous deux très en vogue aujourd'hui, transforment le monde de significations institué dans lequel nous entrons en un ramassis de préjugés, tout processus de transmission en technique de manipulation et les acteurs de cette transmission, les parents, les professeurs, en agents de reproduction d'un monde vieux, crispé, frileux, rétrograde, replié sur lui-même, bref en collaborateurs de normes qui étoufferaient l'originalité.

Le monde ne commence pas avec nous, il nous précède, nous excède, nous ne sommes pas que ses usagers, nous sommes d'abord ses obligés : aucun homme n'est le premier homme. Chacun, par la transmission des codes, des formes, est relevé du fardeau de tout recommencer, mais nullement de commencer quelque chose de nouveau, au contraire. A chaque génération nouvelle qui apparaît, l'histoire ne s'offre pas comme un palimpseste.

Le monde se donne à nous à travers des signes élaborés par ceux qui nous ont précédés, et les catégories du masculin et du féminin forment une boussole des plus indispensable. « Parce que nous avons été enfants avant que d'être hommes, chose que Descartes n'a point dédaigné de dire, il est dans l'ordre que nous ne commencions point par interroger la chose toute nue, mais au contraire, que nous allions à la chose déjà tout pourvus de signes, on dirait presque armés de signes[101] », écrivait un maître en matière de pédagogie, le philosophe

101. *Les Idées et les Ages*, Gallimard, 1927, p. 227.

Alain. L'éducation procède aujourd'hui selon l'ordre exactement inverse. Les quelques signes qui permettent à l'enfant d'appréhender le monde, elle entend l'en déposséder.

Le mépris que nous réservons aux préjugés, aux mœurs a des accents d'enfants gâtés, irresponsables. Il faut, comme nous, générations qui n'ont pas connu la guerre et ses épreuves, avoir été épargné par l'histoire, par le tragique du XX<sup>e</sup> siècle, pour méconnaître la saveur des coutumes, des rites, des préjugés, des représentations venues de la nuit des temps. Sur ce point, il convient de relire le témoignage de ceux qui ont fait l'expérience, dans leur chair, de l'exil forcé, ceux qui, à l'instar d'Hannah Arendt ou de Günther Anders[102], « changèrent de pays plus souvent que de souliers » selon les mots de Brecht, pour savoir ce qu'il en coûte d'en être privé. L'échange qu'eut Günther Anders avec une de ses étudiantes américaines en 1949, prompte à débusquer partout des préjugés et se flattant d'en être dépourvue, est infiniment précieux à cet égard :

> « "L'idée que les préjugés sont mauvais en soi ne pourrait-elle pas être un préjugé ?"
>
> — "Un préjugé ?" Elle resta bouche bée. Elle croyait dur comme fer à ses préjugés contre les préjugés. (...) "Vous défendez les préjugés ?" gémit-[elle], incrédule.
>
> — "Que sont les préjugés ? (...) Que sont-ils d'autre que des jugements déjà portés par les

---

102. Günther Anders, *Journaux de l'exil et du retour*, traduit de l'allemand par Isabelle Kalinowski, Fage éditions, 2012.

hommes pour d'autres hommes... en sorte qu'on ne doit pas toujours tout reprendre à zéro. Les préjugés peuvent être bons ou mauvais. Comment appelle-t-on les bons préjugés, ceux qui rendent la vie plus facile ?"

A nouveau, elle lança un regard circulaire. Elle perdit contenance. (...)

— "Les mœurs" répondis-je finalement moi-même[103] ».

On parle en outre de « formatage » institutionnel alors même que les institutions, à commencer par les structures éducatives (les parents, l'école), ont toutes, progressivement, au cours des quarante dernières années, renoncé à leur prérogative normative, quand elles n'ont pas érigé en norme l'injonction à défaire les normes héritées du passé. Bref, jamais les normes traditionnelles n'ont été moins prégnantes, et pourtant, à en croire les nouvelles autorités morales, jamais elles ne nous auraient aussi étroitement garrottés.

Les promoteurs de cette politique pédagogique dite neutre aiment à se draper dans les habits du révolutionnaire, aussi se plaisent-ils à nous peindre un monde aux normes sexuées impérieuses, mais ils se paient de mots : ce n'est là que fiction. Voilà quelque quarante ans maintenant que l'éducation dispensée aux garçons et aux filles, à l'école comme dans la famille, ne peut plus être dite sexuée au sens où elle l'était encore, sans doute, dans les années 1960.

103. Günther Anders, *Aimer hier. Notes pour une histoire du sentiment (New York 1947-1949)*, traduit de l'allemand par Isabelle Kalinowski, Fage éditions, 2012, pp. 114-115.

Si l'on veut se figurer ce qu'a été cette école, anticipant sur les rôles que la société assignait à chacun des deux sexes, il suffit d'observer les fresques qui ont été réalisées dans les années 1930 pour les écoles publiques et qui ornent parfois encore les préaux de ces établissements[104]. Et encore cette école qui dispensait aux filles les mêmes savoirs élémentaires (lire, écrire, compter) qu'aux garçons leur donnait-elle du même coup les moyens, en tout cas intellectuels, de s'émanciper de ce destin scellé par leur sexe.

J'appartiens à cette génération née au début des années 1970. Notre éducation fut parfaitement égalitaire. Un vent de militantisme soufflait sur la société post-soixante-huitarde. Le mouvement en faveur de la libération des femmes naît en ces mêmes années. Aussi avons-nous été élevés entourés d'adultes acquis à l'égalité et qui, en ce domaine comme en d'autres, étaient résolus à ne pas perpétuer le vieux monde. Ils auraient craint d'attenter à notre liberté – ce fameux alibi apparu dans les années 1960-1970 pour mieux se délester de toute responsabilité – en nous transmettant quelques normes, et spécialement les normes sexuées. Elevées par des pères qui avaient perdu leur titre de chef de famille depuis 1970, des mères qui prenaient

104. Je renvoie à l'ouvrage d'Isabelle Collet et de Marie Monfort, *L'Ecole joyeuse et parée. Murs peints des années 1930 à Paris* (Paris Musées, Les Musées de la Ville de Paris, 2013), qui fait suite à l'exposition qui s'est tenue au musée du Petit Palais du 22 octobre 2013 au 26 janvier 2014, « L'Ecole en images. Décors parisiens ». Dossier pédagogique accessible en ligne.

toujours plus part à la vie active, et auxquelles, selon le sermon de nos instituteurs, on n'offrait, le jour de la fête des Mères, ni aspirateur, ni mixer, ni fer à repasser, des parents qui ne tremblaient pas de voir leur petit garçon jouer avec le baigneur de sa sœur ou leur petite fille délaisser ses poupées au profit du train électrique de son frère, bref, nous avons grandi dans un climat de sereine égalité sur fond de différence des sexes incontestable mais loin, très loin de toute obsession identitaire. L'idée que certaines professions nous resteraient inaccessibles du fait de notre sexe ne nous effleurait pas. Et si nous avions dû, à l'âge de dix ans, composer sur le thème « Auriez-vous préféré être un garçon ou une fille ? », je doute que nous aurions répondu aussi sûrement que Claude Habib à qui la question avait été posée dans les années 1950, « un garçon ». Et les femmes que nous sommes aujourd'hui ignorent les sentiments d'une Emma Bovary : « Cette idée d'avoir pour enfant un mâle était comme la revanche en espoir de toutes ses impuissances passées. Un homme, au moins, est libre ; il peut parcourir les passions et les pays, traverser les obstacles, mordre aux bonheurs les plus lointains. Mais une femme est empêchée continuellement. Inerte et flexible à la fois, elle a contre elle les mollesses de la chair avec les dépendances de la loi[105]. » Les petites filles que nous avons été ont joué avec des voitures de pompiers et n'ont

105. Gustave Flaubert, *Madame Bovary*, Deuxième partie, chapitre III, Flammarion, Coll. Garnier-Flammarion, 1986, p. 153.

pas pour autant aspiré à déployer la grande échelle et à éteindre des incendies. Et aucune pression familiale, sociale ne s'est exercée contre nous pour nous en dissuader.

A ceux qui contesteraient ce tableau, je demanderais de m'expliquer les raisons pour lesquelles coudre, repasser, ou cuisiner. De toute évidence, nous n'avons pas été éduquées pour devenir de parfaites femmes au foyer.

Si « formatage » il y a, je le vois plus prégnant dans les crèches et écoles dites neutres et dans cette nouvelle pédagogie qui place au premier rang de ses priorités la lutte contre les « stéréotypes de genre », que dans une institution scolaire qui se donnait pour mission de former des esprits capables de penser par eux-mêmes en leur transmettant le savoir. Si dans les crèches classiques, les jeux sont indifférenciés, aucun éducateur ne proscrivant à une petite fille de jouer avec un camion, dans celles-là en revanche on lui prescrira de jouer avec une voiture de pompiers afin de l'accoutumer à l'idée qu'elle peut devenir « pompière » selon le mot qui enchante Najat Vallaud-Belkacem, alors ministre des Droits des femmes.

Ainsi lorsque la crèche Bourdarias, première crèche convertie à cette pédagogie en 2009, se flatte d'« expérimenter une démarche éducative non sexiste », elle escamote la réalité. Convaincue que sans volontarisme, les différences persisteront et les inégalités qui en seraient la conséquence perdureront, l'équipe éducative a fait le choix d'une politique d'inversion – le mot n'est pas de moi mais de Marie-Françoise Bellamy, la directrice de la crèche elle-même: « L'idée, explique-t-elle, c'est de pouvoir inverser les rôles[106] » : les petites filles jouaient ancestralement à la poupée, elles seront inscrites à des ateliers bricolage, apprenant à manier la vis et l'écrou ; les petits garçons se délectaient des jeux de construction, ils se voueront à donner le bain à leur poupon, à le changer, le vêtir et le dévêtir, et liront des contes où la « belle » ne sera plus endormie ni d'une beauté dévastatrice, mais maniera l'épée et refusera d'épouser le valeureux chevalier prêt à relever le défi des épreuves fixées pour la mériter.

De neutres, les crèches qui font des postulats du genre leur substrat conceptuel n'ont donc jamais que le nom. En réalité, elles tordent le bâton dans l'autre sens. Ou plutôt dans un seul sens. Rousseau disait de Platon bâtissant sa République, « ne sachant plus que faire des femmes, il se vit forcé d'en faire des hommes ». Nous sommes dans la situation inverse : ne sachant plus que faire des hommes, ou plus exactement de la virilité qu'ils incarnaient (qu'ils incarnent encore pour l'essentiel et incarneront aussi longtemps qu'ils ne se laisseront pas intimider par les nouveaux mots d'ordre), nous nous voyons forcés d'en faire des femmes. Là encore nous adoptons la solution douce : à défaut de les éliminer, on les convertit aux dispositions, aux qualités qu'hier encore, on qualifiait de féminines et tenait pour attachées à la femme en son essence.

106. *L'Humanité*, 7 novembre 2011.

La virilité n'est plus synonyme, pour nous, que de guerre, de brutalité, de sauvagerie – le titre, *L'Origine de la guerre*, que la plasticienne Orlan a donné à son œuvre représentant un sexe masculin, est à soi seul éloquent.

### *Une éducation asexuée ?*

L'éducation peut-elle et doit-elle être neutre ? L'éducation sexuée n'a-t-elle aucune légitimité ? Aspirons-nous à vivre dans un monde où la polarité du masculin et du féminin serait non pas abolie mais neutralisée ? Où les deux pôles ne s'aimanteraient plus en vertu de leurs différences, de leur complémentarité ? Est-il souhaitable de transmettre aux petits garçons et aux petites filles les mêmes manières, les mêmes codes, les mêmes affects ?

Questions épineuses mais qu'il faut avoir le courage de prendre à bras-le-corps puisque notre époque y répond sans avoir pris la peine de les poser. Il est entendu qu'une éducation sexuée est une éducation coupable et des mesures impératives sont prises dès la plus petite enfance – il convient en effet d'extirper le mal à la racine – pour réaliser ce monde de l'indifférenciation originelle qui n'est jamais, j'y insiste, qu'un axiome que l'expérience réelle n'a jamais vérifié, comme nous l'avons vu avec les expériences de John Money.

J'ai déjà en partie répondu à cette question en exaltant la différence des sexes comme essentielle à la civilisation, à son chatoiement, et comme facteur d'érotisation des relations humaines. A ceux qui veulent poser un éteignoir sur le désir, quel plus beau cadeau que cette morne similitude entre l'homme et la femme que les tenants du genre appellent de leurs vœux ? J'apporterai ici deux éléments supplémentaires.

« Puisque le corps naît pour ainsi dire avant l'âme, écrit Rousseau, la première culture doit être celle du corps : cet ordre est commun aux deux sexes. Mais l'objet de cette culture est différent ; dans l'un cet objet est le développement des forces, dans l'autre, il est celui de l'agrément : non que ces qualités doivent être exclusives dans chaque sexe car la force est nécessaire aux femmes pour faire tout ce qu'elles font avec grâce et l'adresse requise pour permettre aux hommes de faire tout ce qu'ils font avec facilité », mais pas dans les mêmes proportions.

Rousseau postule ici que la femme est naturellement portée à séduire, à plaire, et que cette propension naturelle doit être fortifiée par l'éducation : « Les petites filles, presque en naissant, aiment la parure », aussi préconise-t-il, non de l'en détourner, mais de lui apprendre l'art de se parer avec goût.

Assignation identitaire dont il conviendrait, au nom de l'égalité, d'affranchir les enfants d'aujourd'hui ? Je ne le crois pas, pour au moins deux raisons. Après plus de quarante ans de combat féministe, les faits n'ont toujours pas donné tort à Rousseau. Nous gardons le goût de plaire et nous y consacrons du temps. Le soin de notre apparence ne nous est toujours pas indifférent. A cet égard, il faut lire les lignes que Simone de Beauvoir consacre à la situation des femmes intellectuelles dans ces temps d'émancipation et d'égalité. Comme ses semblables, elle est prise en tenaille entre deux exigences antinomiques, la volonté d'être reconnue comme l'égale de l'homme et son désir de plaire en cultivant sa féminité. Mais à considérer le tableau que brosse l'auteur du *Deuxième Sexe*, pour l'intellectuelle la situation est pour ainsi dire désespérée : non seulement elle ne peut consacrer autant de temps à l'entretien de sa beauté, aux soins d'elle-même que la coquette qui n'a d'autre souci que de séduire : l'intellectuelle « ne sera jamais au domaine de l'élégance qu'un amateur ». Mais sa hantise d'échouer lui fait commettre des « erreurs analogues à celles que suggère la ménopause : elle essaie de nier sa cérébralité comme la femme vieillissante essaie de nier son âge ». Elle outre sa féminité : elle « se surcharge de fleurs, de falbalas, d'étoffes criardes, folâtre, sautille, babille, joue la désinvolture, l'étourderie, le primesaut ». Enfin, quand même, en dépit de tous ces handicaps, elle aurait fini par séduire un homme, « la femme de tête pour mimer l'abandon se crispe ». Bref, la mascarade est complète. Revers de la médaille, car si elle peine tant à séduire, « c'est qu'elle n'est pas comme ses petites sœurs esclaves d'une pure volonté de plaire[107] ».

---

107. *Le Deuxième Sexe*, pp. 439-440. Je n'entraîne toutefois pas Simone de Beauvoir dans mon combat, il n'y a pas, en tout cas pour la théoricienne, de propension naturelle à séduire. Si la femme cultive ainsi sa féminité et aspire à plaire, c'est par soumission à la tyrannie sociale.

La deuxième raison qui me fait suivre Rousseau vient de ce qu'à vouloir nier la propension *naturelle* des petites filles à la parure, à n'y voir que conditionnement social – ce que rien ne vérifie, répétons-le une fois encore – auquel il convient de la soustraire, nous renonçons à former son goût. Les signes extérieurs de la féminité sont multiples et les modèles d'identification qui lui sont offerts sont décisifs. C'est ainsi que dans les familles les plus progressistes, rebelles à toute éducation sexuée, les petites filles, inspirées par des dessins animés ineptes et des plus caricaturaux sur le plan esthétique, nourrissent un imaginaire de pacotille infiniment plus offensant que celui qu'elles pouvaient puiser dans les contes traditionnels.

Résolus à ne plus les confiner dans une quelconque identité, nous abandonnons nos enfants, car cela vaut non moins pour les garçons, qui se construisent *volens nolens* par identification, aux images les plus vulgaires, les plus kitsch et pour le coup, les plus dégradées et dégradantes du féminin et du masculin.

# Pourquoi le genre a-t-il fini par « prendre » en France ?

*Tentative d'élucidation des raisons de l'acclimatation du genre en France*

On l'a dit en ouverture, le Genre a pris tardivement en France. La question s'impose donc pour finir : Comment sommes-nous devenus perméables à cette doctrine ? Comment comprendre qu'une nation comme la nôtre, historiquement attachée à la polarité du masculin et du féminin, ait pu se convertir à une idéologie qui entend surmonter la différence des sexes, dans le mépris le plus complet du donné sexué de la condition humaine ?

## *L'exception française répudiée*

Répliquant à ceux qui dénoncent l'invasion de la France par une théorie qui lui serait fondamentalement étrangère, Eric Fassin aime à rappeler – et sur ce point, nous l'avons vu, il n'a pas tort –, que la théorie du genre s'inscrit dans la filiation de penseurs français, depuis Simone de Beauvoir et jusqu'à ce que l'on appelle outre-Atlantique la *French theory* (Michel Foucault, Gilles Deleuze, Jacques Derrida) et le *French feminism* (Luce Irigaray, Hélène Cixous, Julia Kristeva), mais il oblitère le fait que la France s'est tenue à distance du féminisme radical qui en est sorti. La version genrée, si l'on peut dire, du féminisme, place au cœur de son combat l'identité féminine et la dualité sexuelle renvoyées, nous le savons désormais, à de pures fictions conçues par les sociétés patriarcales afin d'assujettir les femmes et les minorités sexuelles. La reconnaissance, pour ne rien dire de l'exaltation, de la différence des sexes serait la matrice de la domination. Le genre donne du même coup une force de frappe sans précédent à une thèse qui avait ses adeptes mais qui n'avait pas encore véritablement mordu en France.

Joan W. Scott ou Eric Fassin vilipendent d'ailleurs ceux (et donc celles) qui défendent la spécificité d'un « féminisme à la française ». Ils dénoncent avec aigreur un féminisme qui concède bien trop aux hommes pour pouvoir prétendre au titre de féminisme. Cependant, entre la France et les Etats-Unis, ce ne sont pas tant deux modalités du féminisme qui s'opposent. Le féminisme est ce qu'il est et il est belliqueux dans son inspiration. Le procès intenté aux hommes lui est consubstantiel (Virginia Woolf avait pourtant mis en garde les femmes contre la tentation du ressentiment, passion vile et stérile). Il y a, dès le XIX^e^ siècle, au cœur du militantisme féministe naissant, une acrimonie dirigée contre le sexe dit fort. Henry James s'est en fait l'explorateur dans *Les Bostoniennes.* Le combat que mène Olive Chancellor – une de ces excellentes femmes, comme disait Hannah Arendt des Suffragettes, « qui jamais ne donnera à un homme l'envie de la séduire» – pour la liberté et l'égalité des femmes s'apparente à une guerre sans merci livrée contre les hommes : «Ils ont une telle dette envers le sexe opposé que chaque femme en particulier pouvait tirer des traites sans fin sur le capital masculin ; jamais les femmes n'arriveraient à épuiser leur crédit.» Henry James ne résume-t-il pas là le ressort du féminisme ? Simone de Beauvoir l'avait bien compris, elle savait l'avantage que les femmes pourraient tirer de ce sentiment de culpabilité qui habiterait l'espèce masculine.

Le féminisme ne saurait donc être exonéré de toute responsabilité dans la mise en accusation et l'érosion du modèle occidental. C'est lui qui s'est employé à repeindre le passé du commerce des sexes aux couleurs de la seule domination. Cependant dans le cas français, le militantisme féministe a été tenu en bride par des mœurs héritées des siècles aristocratiques. Mona Ozouf soutient de façon très convaincante cette position. Cette sérénité du féminisme à la française, l'auteur des *Mots des femmes* l'attribue au fait que quelque chose de l'esprit et des mœurs aristocratiques est passé dans l'esprit et les mœurs démocratiques (longue tradition de la conversation ; culture de la séduction ; expérience de la mixité ; lien particulier avec la littérature) et nous a gardé en France de confondre cause des femmes et guerre des sexes[108].

108. Mona Ozouf, *Les Mots des femmes, Essai sur la singularité française*, Tel Gallimard, 1999, p. 409.

Entouré de garde-fous, le féminisme français a été retenu de glisser sur sa pente la plus extrême. Les femmes de chair et de sang ont résisté à l'idée qu'en tout homme sommeille un ennemi, un être qui n'a d'autre objectif que de les inférioriser et d'abuser d'elles. Les femmes aimaient les hommes, et ne niaient pas farouchement se plaire à leur inspirer du désir. Jusqu'il y a peu, l'idéologie n'avait pas eu raison du réel et les mœurs françaises, l'art de la mixité des sexes hérités des siècles aristocratiques demeuraient assez vivaces et gardaient suffisamment d'attrait en France pour mettre en échec la radicalité féministe. C'est cette digue qui, récemment, est tombée et a permis l'infiltration de la théorie du genre qui, fût-elle d'inspiration française, n'en reste pas moins étrangère à la singularité française en ce domaine. Les raisons qui retenaient la France de verser dans l'extrémisme féministe ne portent plus.

Il s'est produit deux choses décisives au cours de ces dernières décennies, d'abord, sous l'influence des instances européennes, la requalification de la lutte pour l'égalité en combat contre les discriminations. Désormais, toute prise en considération de la différence est assimilée à une inégalité et toute inégalité à une injustice. Comment la différence des sexes n'aurait-elle pas fait les frais d'un tel amalgame ? A l'inverse, le genre, qui prétend que la dualité sexuelle est construite et peut par conséquent être déconstruite, a bénéficié de ce glissement sémantique. Il est, au fond, la « philosophie » dont les champions des prétendus discriminés pour leur sexe ou leur orientation sexuelle, avaient besoin. On le voit à l'école. L'égalité des hommes et des femmes, comme des homosexuels et autres « minorités » sexuelles, sera obtenue à ce prix : faire abstraction, dès le plus jeune âge, de ce donné originel de la condition humaine qu'est la condition sexuée, réduire chacun à cet ange asexué conçu par les religions.

La discrimination est devenue notre grille de lecture exclusive des relations humaines, y compris de celles où l'égalité ne doit pas être recherchée, comme dans la relation maître/élève, mais aussi où elle n'a que faire comme dans le lien amoureux « L'amour fait les égalités et ne les cherche pas », écrit Stendhal citant à tort Corneille[109]. Or, aussi longtemps que nos contemporains se laisseront convaincre par la rhétorique de la discrimination et le discours sur l'origine de l'inégalité parmi les hommes et les femmes, ils seront la proie facile du Genre. Que savent-ils en effet, de notre héritage en ce domaine, sinon qu'il fut tout entier misogyne, sexiste, dominateur pour les femmes ? Que savent-ils de cette histoire sinon que la femme a été, et certains tentent de les convaincre qu'elle l'est encore, asservie, dominée, bref opprimée par les hommes ? Que savent-ils encore, « instruits » par l'anthropologue Françoise Héritier, sinon que la différence des sexes, cette donnée première de la perception, sans portée autre qu'anatomique, n'a été qu'un instrument des sociétés patriarcales pour asservir les femmes et

109. La phrase est en réalité de Jean de Rotrou et se trouve dans *Venceslas*.

garantir aux hommes la possession de cet être dont ils dépendent pour s'assurer une descendance[110] ? Comment, partant, n'accueilleraient-ils pas comme la meilleure des nouvelles possibles l'avènement d'un monde qui ne reposerait plus sur cette dichotomie coupable des pires maux ? Il ne s'agit pas de nier que l'égalité n'a été reconnue à la femme que très tardivement et qu'au nom de sa nature, elle ait été écartée de certaines sphères qu'elles aspiraient à rejoindre tout à fait légitimement. Toutefois des êtres qui ne se posent pas comme égaux ne se retrouvent pas pour autant, fatalement, dans des rapports

---

110. Je recommande très vivement la lecture des travaux, notamment de *L'un et l'autre sexe*, d'une autre anthropologue, l'anthropologue américaine Margaret Mead qui, sinon la première, en tout cas avant Françoise Héritier, a donné à l'ordre sexué qui structure nos sociétés et aux catégories binaires qui ordonnent notre pensée leur fondement dans la dualité sexuelle. « C'est du contraste dans l'aspect et la fonction des corps masculin et féminin que les hommes ont tiré les analogies relatives au soleil et à la lune, à la nuit et au jour, au bien et au mal, à la force et à la vulnérabilité. » L'ensemble des couples de notions qui découpent le réel sont toujours en dernier ressort référés au masculin et au féminin (chaud/froid ; dur/mou ; actif/passif ; public/privé). Et pour rendre compte de l'universalité d'un ordre social sexué, Margaret Mead forme une hypothèse autrement stimulante que celle de la volonté masculine d'appropriation : « Les différences entre les sexes ne sont-elles pas extrêmement précieuses, ne constituent-elles pas l'une des ressources de la nature humaine dont toutes les sociétés ont su profiter mais qu'aucune d'entre elles n'a encore commencé à exploiter à fond ? » Ainsi le sens de la polarité, de la complémentarité, du chatoiement des différences semble avoir été beaucoup plus décisif dans cette distribution sexuée des qualités que celui des rapports de domination.

maître/esclave. Conclure ensuite de la subordination (juridique notamment) des femmes, de leur confinement dans certaines tâches à leur domination et à leur inaction, ne relève pas de l'épreuve des faits. C'est d'ailleurs le paradoxe, notons-le au passage, des travaux des historiens qui, tout en souscrivant à la thèse de la domination masculine, rendent aux femmes leur place dans l'histoire de l'Occident, montrent qu'elles n'ont pas moins contribué à l'édification de la civilisation occidentale que les hommes. Mais le dogme triomphe de l'épreuve des faits. Heureusement, il est des penseurs plus libres, plus intrépides, tel par exemple Pierre Manent[111] qui, au détour d'un chapitre portant sur « la division sexuelle et la démocratie », ne craint pas d'inquiéter nos confortables et paresseuses évidences : « Il faut le dire à l'encontre des caricatures courantes, jamais dans l'Europe antique ou chrétienne l'on n'a soutenu l'idée d'une infériorité naturelle et essentielle des femmes[112]. »

Cependant, le poids de la rhétorique des inégalités et la frénésie du combat contre les discriminations n'expliquent pas tout. Le ralliement de la France au Genre n'avait rien de fatal : il nous eût suffi d'être encore accessibles à la saveur de notre héritage pour s'opposer à cette théorie, pour

111. Mais je pourrais aussi bien mentionner les noms de Marc Fumaroli, Mona Ozouf, Claude Habib, Philippe Raynaud, Alain Finkielkraut.

112. Pierre Manent, Cours familier de philosophie politique, Fayard, Coll. « L'Esprit de la cité », 2001, p. 239.

en faire apparaître l'abstraction et la démesure. Mais, phénomène récent, la passion de l'égalité a eu raison de notre attachement aux délicatesses, aux raffinements, aux formes des mœurs aristocratiques (qui, au fond, depuis les années 1970, faisaient de la résistance). Pour le dire d'une phrase : nous n'aimons plus suffisamment la partition que l'Occident et tout particulièrement la France ont orchestrée sur ce thème du commerce des sexes pour la défendre contre une théorie qui en désaccorde toutes les harmoniques. Il y avait comme une exception française. Elle n'a plus, ou si peu, de défenseurs. Plus que tout autre, la France a su exalter cette irréductibilité des sexes, exacerber les différences plutôt que les neutraliser sans sacrifier l'égalité. Notre exception culturelle en ce domaine nous est devenue indifférente, pire, tenue pour exclusivement coupable et doublement coupable : coupable non seulement d'avoir cru dans le « mythe » d'une différence des sexes irréductible à une différence anatomique, d'avoir cru qu'un homme et une femme constituaient deux modalités d'existence, deux expériences non pas inconciliables mais insubstituables l'une à l'autre, coupable ensuite d'avoir exalté cette différence. Le démantèlement de la civilisation occidentale en générale et de la civilisation française en particulier ne préoccupe plus personne. Les antimondialistes ne le sont que sur le plan économique. L'uniformisation des mœurs leur est en revanche une bonne nouvelle. Aussi plutôt que de défendre cette exception française, sommes-nous invités à jeter la dernière pelletée de terre sur ce qui reste de nos mœurs et à tourner nos regards vers les pays scandinaves, ces pays tellement-plus-avancés-que-nous-en-matière-de-mœurs et spécialement d'égalité des sexes, ou plus exactement, pour appeler les choses par leur nom, d'interchangeabilité des sexes, d'indifférenciation sexuelle.

Je n'aurais sans doute jamais écrit cet essai si je ne soupçonnais derrière la théorie du genre et sa mise en œuvre pratique, politique, l'aspiration à en finir avec une culture qui a accordé tant de soins aux jeux de l'amour et aussi à son tragique, au drame des sexes[113], inhérent à l'altérité et à l'asymétrie sexuelles.

Au reste, de la guerre des sexes à la guerre contre le sexe, il n'y a qu'une frontière, que le féminisme américain a tôt franchie et que nous sommes peut-être sur le point d'enjamber. Pascal Bruckner avait raison d'écrire en 1994 qu'il serait « présomptueux de se croire immunisés pour toujours de la contagion américaine ».

## *L'affaire DSK, un grand moment de vérité*

L'affaire Dominique Strauss-Kahn fut, pour moi, le grand moment de vérité de cette désaffection : les féministes nouveau genre sont alors sorties du bois, et ont pris prétexte de cette obscure péripétie

113. Je renvoie au beau livre de Sylviane Agacinski, *Drame des sexes : ibsen, Strinberg, Bergman*, Le Seuil, 2008.

dont la chambre 2806 de l'hôtel Sofitel de Manhattan avait été le théâtre le 14 mai 2011 et dont elles ne savaient rien, pour dénoncer, avec hargne, une société française par trop complaisante à l'endroit des hommes et du désir masculin. L'affaire DSK leur fut une aubaine. Et elles ne manquèrent pas de l'exploiter. Elles y gagnèrent d'ailleurs en visibilité[114]. Preuve était faite, selon elles, que nous vivions toujours sous l'Ancien Régime. Un homme, blanc, riche, puissant, une soubrette, noire et pauvre, et un rapport sexuel forcé (ce qui n'a pas été établi par la justice, mais qu'importe la vérité factuelle pourvu que la logique de l'Idée y trouve son compte) : tous les ingrédients d'une dramaturgie à la Beaumarchais étaient réunis. Dominique Strauss-Kahn dans le rôle du comte Almaviva ; Nafissatou Diallo dans celui de Suzanne. Le dominant instaurant une sorte de droit de cuissage sur une subalterne. A ceci s'ajoutait que la présumée victime était musulmane et le présumé coupable appartenait à cette civilisation occidentale si prompte à dénoncer le traitement que l'islam réserve aux femmes. Le directeur du FMI s'offrait ainsi comme le coupable idéal pour ce militantisme féministe nouvelle manière dont la cible privilégiée est, ainsi qu'en brossait le portrait une

114. Eric Fassin lui-même reconnaît que « le mouvement des femmes a pu se faire entendre avec une force inhabituelle dans l'espace public français ». Au-delà du consentement : pour une théorie féministe de la séduction, in *Raisons politiques*, « Consentement sexuel », n°46, Presses de Sciences-Po, 2012, p. 48.

des représentantes du collectif d'action féministe La Barbe, le « mâle blanc hétérosexuel et âgé[115] ».

La rhétorique féministe de la femme éternelle victime des hommes trouvait ici sa pitance. Dominique Strauss- Kahn cessait d'être un individu pour se muer en représentant de la masculinité. Preuve était ainsi faite autrement dit, qu'en dépit de l'apparente égalité des sexes, les hommes ne renoncent pas ainsi à leur prérogative. La bête n'est pas morte. Le pouvoir phallocratique perdure. Et les femmes demeurent les victimes qu'elles n'ont cessé d'être.

La suspicion à l'endroit des hommes, plus exactement du désir masculin, à laquelle la société française avait longtemps répugnée, a commencé de gagner les esprits. Rien encore de comparable aux pratiques américaines – les professeurs d'université peuvent encore recevoir en tête à tête leurs étudiantes et refermer la porte derrière eux –, mais jusqu'à quand ? On se souvient de l'affaire Hervé Le Bras en 2002, on escomptait, à tort, tenir là le premier cas en France de harcèlement sexuel dans le cadre universitaire.

Toutefois, la criminalisation des hommes avance à grands pas. Dans le sillage de l'affaire DSK, les associations féministes ont obtenu un renforcement de la loi de 1992 sur le harcèlement sexuel, la pénalisation des clients des prostituées en offre encore un

115. Revue *Esprit*, dossier « Les Controverses du féminisme », octobre 2013, « Le militantisme féministe aujourd'hui. Table ronde avec Christine Bard, Alix Béranger, Clara Carbunar, Caroline De Haas ».

remarquable exemple. Le « paternalisme légal[116] » qui marquait de son sceau la législation américaine gangrène l'esprit des lois de notre nation.

Comme l'a dénoncé Elisabeth Badinter[117], au féminisme conquérant des années 1970 succède un féminisme victimaire qui renvoie les femmes à un statut plus dégradant encore que celui qu'elles avaient dans les temps d'inégalité. Le féminisme inspiré par Simone de Beauvoir était un féminisme de la responsabilité. Or, de cette responsabilité conquise, les femmes sont dépossédées par un discours qui se plaît à les camper en créatures essentiellement innocentes, vulnérables, en proie à d'irréductibles prédateurs sexuels, éternelles Agnès livrées sans défense à de non moins éternels Arnolphe, barbons concupiscents et tyranniques. L'auteur de *Fausse route* se sent trahie par cette rhétorique, mais toute femme devrait se sentir offensée par ces représentations qui la dépossèdent de sa souveraineté, la rejettent dans un état de minorité dont elle était sortie. Et l'on est en droit de se demander avec Roland Jaccard : « Le temps où les femmes avaient de la tendresse souvent, de la pitié parfois, du désir exceptionnellement, pour les cavaleurs[118], ce temps

116. Cf. Jean L. Cohen, « Harcèlement sexuel : les dilemmes de la législation américaine » in *Esprit*, « L'un et l'autre sexe », mars-avril 2001.

117. Élisabeth Badinter, *Fausse Route* in *La Ressemblance des sexes. De L'Amour en plus au Conflit*, Le Livre de Poche, coll. La Pochothèque, 2012.

118. Allusion au titre que Bertrand Morane, *L'Homme qui aimait les femmes* de François Truffaut, envisageait de donner au

est-il révolu ? L'heure du règlement de comptes a-t-elle sonné ? Faut-il s'habituer à vivre dans un monde où les hommes sont des "porcs" et les femmes des victimes[119] ? »

## *Renaissance d'un Grand Récit d'émancipation ?*

Dans la séduction qu'exerce la théorie du genre sur nos contemporains, notamment les plus progressistes, on ne doit pas négliger, me semble-t-il, l'aspect grand récit d'émancipation qu'elle revêt. Il s'agit de libérer, et ce dès le plus jeune âge, les individus d'une identité sexuée et sexuelle que les sociétés n'ont fabriquée que pour mieux dominer les femmes et les minorités sexuelles (puisque qui dit dualité sexuelle dit, rappelons-le, hétérosexualité).

En promettant l'avènement d'un monde où il n'y aurait plus ni homme ni femme mais seulement des êtres rendus à une neutralité identitaire originelle, le Genre donne, comme tout grand récit idéologique, un sens, dans la double acception du terme, de signification et de direction, à l'action. Le combat en faveur de l'égalité s'essoufflait, le Genre, en prétendant que les différences sexuées étaient

livre dont il avait entrepris l'écriture et qu'il laissa inachevé, fauché par la mort. Prévenons tout malentendu, catégorie dans laquelle je ne range pas nécessairement Dominique Strauss-Kahn, ce n'est pas là mon objet.

119. « Les Carnets de Roland Jaccard », chronique dans *Causeur*, Janvier 2014, n°67/9, p. 97.

purement construites, est venu le revigorer. Il a permis d'interpréter l'obstination de la différence de sexe comme indice de la persistance des inégalités. Chacun a pu ainsi conclure à une révolution inachevée, et qui le demeurera aussi longtemps que l'homme et la femme ne seront pas partout et toujours interchangeables. Le combat féministe change alors de sens : la rébellion ne se tourne plus contre les seules conditions sociales mais contre la condition humaine elle-même, en tant que condition sexuée.

Le programme d'action est dès lors fixé : il s'agit d'entraver le processus d'identification à l'un ou à l'autre sexe, encourager chacun, dès le plus jeune âge, à s'identifier indifféremment à l'un et à l'autre, bref, penser son identité et surtout sa sexualité en ignorant superbement son sexe de naissance.

Comme avec tout grand récit, au regard de la fin de l'histoire, tous les moyens trouvent à se justifier. D'où la radicalité des mesures prises pour en hâter l'avènement. D'autant que cette fin de l'histoire devrait déjà être advenue, mais si elle tarde, c'est qu'elle se heurte à des résistances, « résistances structurelles », selon le jargon officiel, mais surtout résistances masculines, car, ainsi que nous l'explique Michelle Perrot, « marquer la différence sexuelle est une forme de pouvoir » et la peur de l'indifférenciation sexuelle est au cœur des crises identitaires masculines[120] ». Si les hommes résistent, ce n'est donc

---

120. Michelle Perrot, « Identité, égalité, différence » in *La Place des femmes. Les enjeux de l'identité et de l'égalité au regard des sciences sociales*. Editions La Découverte, 1995, p. 45.

pas, pour l'historienne déniaisée, qu'ils aiment les femmes, mais en vertu de l'ancestrale soif de domination qui les gouverne. Et ne tentons pas de faire observer que les femmes résistent non moins à l'indistinction, on nous répondra que ce n'est qu'aliénation à des représentations héritées des siècles. C'est donc le mâle qu'il faut terrasser.

Le progressisme de la gauche a trouvé dans le Genre le mystique aliment qu'il n'espérait plus. « Le changement, c'est maintenant ! » promettait le candidat à la présidence de la République, mais faute de pouvoir changer quoi que ce soit sur le plan économique et sécuritaire, une fois élu, il s'acharne sur l'humaine condition et ses mœurs.

# Quelle philosophie opposer au genre ?

*Sartriens, dans l'oubli d'Hannah Arendt, d'Albert Camus et de Maurice Merleau-Ponty*

Les présupposés du genre sont nombreux, nous l'avons vu dans la première partie, et exercent une influence d'autant plus grande qu'ils ont pour alibis l'égalité, la liberté, la tolérance et autres nobles causes. Que leur opposer ? Nos contemporains semblent quelque peu démunis. Le principe selon lequel il n'y aurait aucune différence naturelle, en dehors de la différence anatomique, entre un être né de sexe masculin et un autre né de sexe féminin autrement dit, le postulat d'une indifférenciation originelle les heurte, contredit leur expérience et en même temps, qu'on leur explique que ce sont eux qui fabriquent cette réalité duelle, qu'on leur assène que celle-ci est facteur d'inégalités et bientôt ils battent leur coulpe, comme on l'a vu avec les professeurs.

Notre réceptivité au genre est essentiellement, au sens fort du terme, liée à une impuissance philosophique. Nous sommes devenus incapables d'articuler le donné et le construit, de faire droit à une part non choisie de l'existence, à une « passivité[121] » et par

121. Le mot est de Merleau-Ponty qui consacra à cette notion une série de cours au Collège de France. Cf. Merleau-Ponty,

conséquent de répliquer au culturalisme, à l'historicisme intégral du genre. Bref, dans l'oubli d'Hannah Arendt, d'Albert Camus et de Maurice Merleau-Ponty, nous sommes sartriens. Dans son texte « en guise de conclusion » aux *Origines du totalitarisme*, Hannah Arendt établit qu'après l'épreuve concentrationnaire et exterminatrice, les pays occidentaux sont acculés à un choix. Soit ils continuent de glisser sur la pente ouverte par la modernité de domestication et de domination de la nature – une modernité hautement compromise par les totalitarismes et leur ambition de fabriquer un homme nouveau –, soit ils se réconcilient avec la condition humaine dans sa finitude. « L'homme moderne, écrit-elle, a fini par en vouloir à tout ce qui est donné, même sa propre existence – à en vouloir au fait même qu'il n'est pas son propre créateur ni celui de l'univers. Dans ce ressentiment fondamental, il refuse de percevoir rime ou raison dans le monde donné. (...) l'alternative à un tel ressentiment, base psychologique du nihilisme contemporain, serait une gratitude fondamentale pour les quelques choses élémentaires qui nous sont véritablement et invariablement données, comme la vie elle-même, l'existence de l'homme et le monde[122] », et le monde, chez Arendt, a une signification verticale et pas seulement horizontale, par monde elle entend l'ensemble de ce dont nous

---

*L'Institution. La passivité. Notes de cours au Collège de France (1954-1955)*, Belin, 2003.

122. Hannah Arendt, *Les Origines du totalitarisme. Eichmann à Jérusalem*, Gallimard, « Quarto », 2002, p. 872.

héritons, les significations instituées et les œuvres de culture dont nous ne sommes pas les auteurs.

A l'alternative qu'Arendt posait en 1951, nous avons répondu : nous avons pris le parti du ressentiment et du nihilisme. Le Genre s'impose comme le conquérant de l'ultime donné de la condition humaine auquel nous faisions encore allégeance, la condition sexuée.

## *On naît femme* et *on le devient*

Si le Genre est contestable, ce n'est pas en ce qu'il affirme qu'il entre du construit dans l'identité sexuelle mais en ce qu'il exclut toute continuité entre le donné naturel et cette construction. Le Genre tranche en effet dans une question indécidable. La nature ne se donnant jamais que médiatisée par des formes culturelles, il est aisé, mais sans fondement et hautement périlleux, d'en conclure à un constructivisme intégral, une historicité exclusive. Au reste, la variabilité du sens qu'on a pu attacher à travers le temps et qu'on attache encore, à travers l'espace, au masculin et au féminin, fortifie la thèse de l'historicité et conduit à mettre en question la réalité d'invariants autres qu'anatomiques. Et pourtant, l'homme et la femme ne sont pas superposables anatomiquement mais non plus existentiellement, et ce, sans que l'histoire ni la science ne puissent en rendre raison. La différence des sexes n'est pas un strict donné biologique, mais elle n'est pas pour autant un pur fait social ou historique.

Nos contemporains semblent acquis à l'historicisme, à l'idée qu'en l'homme tout est culturel. Nous sommes, en la matière je l'ai dit, éminemment sartriens. Cette philosophie, cette métaphysique, héritée de Descartes, qui rend impossible de penser ensemble nature et culture, donné et liberté, et qui trouve son expression achevée dans l'existentialisme de Sartre, a triomphé contre celle d'un Merleau-Ponty, d'une Hannah Arendt ou d'un Albert Camus. Nous avons beau célébrer, commémorer ces penseurs, tout particulièrement les deux derniers cités, transformés en produits culturels, ils ne sauraient venir inquiéter nos évidences. Il y a l'histoire et il y a la nature, disait Albert Camus. Je suis juive comme je suis femme, disait Hannah Arendt, il s'agit de « données indubitables de ma vie », de « ces choses qui sont *physei* [par nature] et non pas *nomôi* [par convention], qui ont été données et non pas faites, et en appelle par conséquent, comme tout don, à une attitude de gratitude fondamentale[123] ». C'est à ce sentiment de gratitude que je voudrais que nous redevenions accessibles.

La nature a par trop souvent servi de prétexte à la relégation des femmes pour ne pas s'en méfier, mais cette méfiance, légitime, doit-elle nous conduire à une négation de la nature ? A cet égard, Merleau-Ponty nous est une ressource particulièrement précieuse, comme Hannah Arendt ou Albert Camus pourraient l'être. Instruits par la logique totalitaire,

---

123. Hannah Arendt, *Ecrits juifs,* Fayard, coll. Ouvertures, 2011, p. 645.

ces penseurs ont vu avec anxiété l'être humain appréhendé comme un strict matériau, une simple cire à modeler, et sans en rien rabattre sur la liberté, ont su articuler celle-ci à quelque chose qui serait donné à l'homme – par qui, peu importe, cadeau venu de nulle part, disait Hannah Arendt.

Où commence, où finit la nature ? A la différence du genre, Merleau-Ponty, lui, ne tranche pas, il n'est pas plus instruit que quiconque de la frontière qui sépare la nature de la culture, le donné du construit, mais ce qu'il sait en revanche c'est que nier par principe la nature, c'est sombrer dans une funeste abstraction : « Une ontologie qui passe sous silence la Nature s'enferme dans l'incorporel et donne, pour cette raison même, une image fantastique de l'homme, de l'esprit et de l'histoire[124] », écrit-il en 1952. Bref, elle les dépossède de leur dimension charnelle, de leur incarnation. De cette abstraction, un documentaire intitulé *Il, elle, hen*[125] consacré à la crèche Egalia de Stockholm – cette crèche que nos politiques aiment à gratifier d'une visite, avides d'y puiser leur inspiration, à l'instar du conseiller du maire de Paris d'alors, Bertrand Delanoë, qui figurait dans le reportage – donnait un remarquable exemple : on y voyait une petite fille dessinant « elle », puis « il », mais trébuchant sur la représentation de

124. Merleau-Ponty, *Résumé de cours, Collège de France, 1952-1960,* Gallimard, 1981, p. 91.

125. *Il, elle, hen. La pédagogie neutre selon la Suède,* documentaire de Chantal Simon, Richard Puech et Philippe Lagnier, France, 2013.

« hen »... à quoi peut bien ressembler cet universel neutre seul en vigueur dans cet établissement d'où sont bannis les pronoms masculin et féminin ? semble se demander légitimement l'enfant. Un pas de plus, ou le pas ultime, vers l'abstraction.

Naître, c'est nécessairement s'incarner dans l'un ou l'autre sexe. Nous avons un corps, mieux, nous sommes un corps. Nous naissons dans un corps que nous ne choisissons pas, que personne au demeurant n'a choisi et qui nous commande autant que nous lui commandons. « Le concept de Nature, écrit Merleau-Ponty qui, de façon tout à fait intempestive, consacre à cette notion ses trois dernières années de cours au Collège de France, n'évoque pas seulement le résidu de ce qui n'a pas été construit par moi, mais une productivité qui n'est pas nôtre, bien que nous puissions l'utiliser, c'est-à-dire une productivité originale qui continue sous les créations artificielles de l'homme[126]. » « Est nature, professe encore le philosophe, ce qui a un sens, sans que ce sens soit posé par la pensée. Est Nature le primordial c'est-à-dire le non-construit, le non-institué. La Nature est notre sol, non pas ce qui est devant mais ce qui nous porte[127]. » L'ordre sexué de la société a ainsi un étayage dans la nature, qui est un principe de limitation. Tout n'est pas possible précisément parce que tout n'est pas historique. « Le potier qui travaille l'argile connaît les insuffisances de sa

126. Merleau-Ponty, *La Nature. Notes. Cours du Collège de France*, Le Seuil, « Traces écrites », 1994, p. 169.
127. *Ibid.*, p. 20.

matière, écrit Margaret Mead. Admettre ces insuffisances ne signifie pas pour autant qu'il est moins exigeant sur la beauté de la forme que sa main peut imposer à l'argile (...) Comme lui, il nous faut connaître notre condition (...) Il y a certaines choses que les hommes ne peuvent pas faire parce qu'ils sont des hommes et les femmes parce qu'elles sont des femmes[128]. » On peut fléchir la nature, la corriger, la perfectionner selon une certaine idée de l'homme, de la civilisation, mais non sans donner audience à cette nature : le principe qui régit l'éducation n'est pas « être soi-même », mais « devenir soi-même », c'est-à-dire porter à leur degré d'excellence les aptitudes qui sont les nôtres. Il est faux, en dépit de la démagogie démocratique, de l'égalitarisme contemporain, de considérer que nous sommes tous également doués. Les dons sont différemment et inégalement répartis, et ils le sont d'abord entre les hommes et les femmes. La différence naturelle des sexes est un « butoir » pour la pensée et pour l'action. Elle fixe des limites à l'activisme humain.

Le corps signifie. Il ne s'agit pas simplement de dire que le corps féminin est délicat quand le corps masculin est vigoureux. Le corps féminin peut sans doute, à force d'exercices physiques, se rapprocher de celui d'un pompier ou d'un rugbyman. La technique peut désormais suppléer aux limites naturelles. Rien n'exclut donc que la femme ne puisse rivaliser avec les hommes dans les métiers

---

128. Margaret Mead, *L'un et l'autre sexe*, Gallimard, Folio essais, 1988, p. 29.

exigeants et éprouvants physiquement. Mais encore faut-il qu'elle y aspire ? Or, son corps ne l'y porte pas naturellement et ce corps n'entre pas pour rien dans les choix qu'elle fait. Il ne lui est pas qu'un moyen. Si la parité ne règne pas dans certaines professions, notamment parmi les pompiers, ou dans le secteur du Bâtiment et des Travaux publics, l'explication n'en est peut-être pas sociologique ou historique, mais existentielle. Une attention peut-être plus grande au corps a peut-être présidé à cette traditionnelle répartition ?

Merleau-Ponty est un lecteur par trop attentif des travaux des ethnologues pour ignorer que le masculin et le féminin se disent en plusieurs sens, selon les civilisations considérées. Mais il ne peut se rallier à l'idée d'un arbitraire complet. Qu'on me permette ici un bref détour.

Pour les partisans du Genre, du tout historique, du tout social, c'est sans difficulté que le terme américain *Gender* de la théorie et des études sur le genre est venu se glisser dans l'acception grammaticale que le mot genre reçoit en français. Il en fut même comme fortifié. De la thèse de l'arbitraire du signe soutenue par la linguistique à celle de l'arbitraire du féminin et du masculin posée par le Genre, la conséquence serait bonne.

Le genre d'un mot varie selon les langues : tel vocable sera masculin en français, qui ne le sera plus en espagnol, ainsi se vérifie l'adage pascalien du relativisme : « Vérité en deçà des Pyrénées, erreur au-delà. » Or, une même relativité affecte le masculin et le féminin. Cette qualité que nous qualifions de si féminine, telle peuplade la tiendra pour virile. Il n'entrerait donc pas moins de convention, d'arbitraire dans la distinction du féminin et du masculin que dans les mots qui composent notre vocabulaire.

Toutefois, la thèse de l'arbitraire du signe dont la linguistique a tenté de nous convaincre est-elle incontestable ? Nullement, et Merleau-Ponty ne la laisse pas sans réponse. La réplique qu'il lui oppose vaut tout autant pour le traitement du féminin et du masculin. Que le mot ne ressemble pas à la chose, assurément, mais faut-il pour autant le qualifier de contingent et d'arbitraire ? demande implicitement le philosophe. Dans un magnifique passage de *La Phénoménologie de la perception*, Merleau-Ponty suggère que si le mot ne se tient pas dans un rapport de ressemblance objective avec la chose qu'il désigne, le lien qui les attache n'en est pas pour autant fortuit : le mot nous dit quelque chose de la façon dont l'objet est perçu, vécu, éprouvé par la civilisation dont il compose le vocabulaire. Il en exprime, au sens premier du terme, c'est-à-dire qu'il en extrait et en concentre « l'essence émotionnelle », ainsi que le dit Merleau-Ponty. « Si nous ne considérons que le sens conceptuel des mots, il est vrai que la forme verbale – exception faite des désinences – semble arbitraire. Il n'en serait plus ainsi si nous faisions entrer en compte le sens émotionnel du mot (...) on trouverait alors que les mots, les voyelles, les phonèmes sont autant de manières de chanter le monde. La prédominance des voyelles dans une langue, des consonnes dans une autre, les systèmes de construction et de syntaxe ne représenteraient pas pour autant des conventions arbitraires pour exprimer la même pensée, mais plusieurs manières pour le corps humain de célébrer le monde et finalement de le vivre[129]. »

Cela vaut pour le masculin et le féminin, on retiendra de Merleau-Ponty l'idée que chaque civilisation compose, sur ce donné naturel de la différence des sexes, sa propre partition non de façon arbitraire mais inspirée par le spectacle de ce corps sexué. On ne peut dire avec Nietzsche qu'il n'y a pas de faits, que des interprétations. Il y a des faits, une condition féminine et une condition masculine communes à l'humanité, un accord premier qui suggère des variations multiples. Chaque civilisation *chante* à sa façon le masculin et le féminin, déploie différentes manières d'habiter le monde, aiguillonnée par le donné naturel, en tenant compte des limites que dicte la nature. Comme l'oracle de Delphes, chez Héraclite, le donné naturel ne révèle pas, ne dissimule pas non plus, il se contente de faire signe, d'indiquer. La voix, qui est à la jonction de l'âme et du corps, distingue l'homme de la femme, tout comme la délicatesse ou la rugosité de la peau. J'ouvre les yeux, je tends l'oreille, j'effleure d'une caresse la chair de l'être aimé, je vois, j'entends, je sens un homme, une femme. La culture consiste en un processus de stylisation de la nature, de mise en forme. Elle exacerbe ou neutralise le donné. Les représentations du masculin et du féminin sont

129. Merleau-Ponty, *Phénoménologie de la perception*, Gallimard, coll. « Tel », 1992, p. 218.

ainsi le fruit d'un travail interprétatif dont nous ne sommes pas les auteurs mais qui nous sont léguées. Ce point est essentiel car c'est alors qu'on pourra se sentir en dette à leur endroit et non simplement les tenir sous surveillance et se vouer à les déconstruire.

On aura compris que les opposants au Genre qui n'invoqueraient que la nature ou la Création divine se fourvoieraient tout autant. On ne doit pas céder à la tentation symétrique, à la captation de l'identité sexuelle par la nature, à la croyance en une continuité parfaite entre le sexe biologique et le comportement social. Il n'y a pas d'ordre naturel, et quand même il y en aurait un, le propre de l'humanité est de se l'approprier, de lui donner sens. En l'homme, nature et culture, donné et liberté, s'entremêlent. Il faut les tenir ensemble : on naît femme *et* on le devient.

Le fait de naître de sexe féminin est ainsi une sorte d'accord premier sur lequel chaque civilisation a composé sa propre partition. Il est une condition de l'existence, il n'en est pas pour autant un conditionnement : chaque femme orchestre, sur ce donné initial, ses variations. « Ce qui devrait intéresser la sociologie, écrit Merleau-Ponty, ce serait non pas de montrer que la liberté est illusoire, que les conditions sont des conditionnements, mais de ressaisir le mouvement par lequel les hommes *assument* et élaborent reprennent les conditions données de leur vie collective et les couronnent de valeurs et d'institutions originales. »

La féminité appelle une reprise active et personnelle et ce, dans le cadre d'une civilisation dont nous sommes les dépositaires. La féminité est en ce sens un héritage. Devenir femme en France, en Italie, en Allemagne, au Burkina Faso ou au Japon prend un sens à chaque fois différent. Il convient donc d'être accessible non seulement au sentiment de gratitude pour le donné de l'existence mais non moins pour l'histoire unique, singulière que raconte la civilisation dans laquelle nous naissons. Ils sont l'un et l'autre « implication de l'immémorial dans le présent[130] ».

Le devenir femme est la reprise assumée, en personne, d'un donné naturel qui peut être aussi bien cultivé, laissé en friche que contrarié. La féminité se forme, s'apprend, s'éduque. On ne saurait se donner la peine de naître de sexe féminin et rien de plus, pour paraphraser Beaumarchais, ou en porter seulement les signes extérieurs. La Bruyère l'a bien dit : il est des femmes qui « n'ont de leur sexe que les habits ».

La différence des organes génitaux n'épuise pas la dichotomie, l'asymétrie du masculin et du féminin. Les artistes le savent. Dans *Les Images du corps*, Philippe Comar établit, de façon très convaincante, que l'atrophie des organes génitaux qui s'observe dans l'art classique est moins imputable à quelque interdit dont leur représentation aurait été frappée qu'inspirée au peintre par le désir de découvrir des marqueurs moins évidents de la différence des sexes. « Comment être sensible à toutes les nuances de modelé qui opposent les formes féminines et masculines dans un art qui serait dominé par une

130. Merleau-Ponty, *La Nature, Notes. Cours du Collège de France, op. cit.*, p. 356.

exhibition ostentatoire des organes génitaux[131] ? » demande l'historien. Les peintres cherchent à capturer la différence des sexes dans une attitude, un geste, une démarche. C'est tout le corps qui est sexué pour le peintre. « La possibilité de surprendre dans la courbure d'un jarret, dans l'enveloppement d'une épaule, ou plus encore dans les traits du visage, la marque distinctive d'un des sexes étend le travail du regard au corps tout entier. » Ainsi dans l'esthétique baroque, ainsi que Philippe Muray l'a célébrée dans sa *Gloire de Rubens*, la toile vibre de l'exubérance des chairs, des gestes, des poses savamment distribuées selon les sexes, les corps musculeux des hommes tranchent avec les chairs féminines qui se gorgent de graisse, « le dos capitonné se creusent de fossettes[132] ».

A l'inverse, fait observer Philippe Comar, dans les arts dits primitifs, la différenciation entre l'homme et la femme passe par l'évidence du sexe, au détriment du reste du corps qui ne fait l'objet d'aucune attention, rendu par les artistes de façon schématique. « L'exhibition du sexe supprime le recours à la différenciation morphologique. » Ainsi les statuettes représentant Priape, le dieu de la fertilité, se distinguent par un pénis démesuré et constamment en érection, celles figurant les déesses de la génération, ou la femme en tant que génitrice, se reconnaissent à leur « sexe crûment exhibé », à la

131. Philippe Comar, *Les Images du corps*, Gallimard, 1993, p. 42 et passim.
132. *Ibid.*, p. 47.

vulve très apparente et tout le reste est « taillé à l'emporte-pièce ».

La féminité, la masculinité sont des manières distinctes d'évoluer dans l'espace, des manières apprises certes, mais inspirées, suggérées, j'y insiste, par le corps lui-même : on ne se lève pas, on ne s'assied pas, on ne croise et décroise les jambes de la même façon selon que l'on est un corps féminin ou un corps masculin. Ce ne sont pas ici des différences exclusivement individuelles, ce sont avant tout des différences sexuées. *Monsieur Bertin* a certes son pendant dans la *Gertrude Stein* de Picasso, mais le peintre ici ne cherche pas à exalter la féminité de son modèle.

Merleau-Ponty parle d'une structure érotique de la perception : les corps ne se donnent pas dans une parfaite neutralité sexuelle. « Une femme qui passe n'est pas d'abord pour moi un contour corporel, un mannequin colorié, un spectacle, c'est une expression individuelle, sentimentale, sexuelle, c'est une certaine manière d'être chair donnée tout entière dans la démarche ou même dans le seul choc du talon sur le sol (...) une variation très remarquable de la norme du marcher, du regarder, du toucher, du parler que je possède par-devers moi parce que je suis corps[133]. »

133. *Signes*, p.87 On peut penser bien évidemment au Bertrand Morane de François Truffaut « Pour moi, dit cet *homme qui aimait les femmes*, rien n'est plus agréable à regarder qu'une femme, pourvu qu'elle soit habillée d'une robe ou d'une jupe qui bouge au rythme de sa marche ». « Les jambes des femmes sont des compas qui arpentent le globe terrestre en tous sens, lui donnant son équilibre et son harmonie ».

Fait social donc que cette démarche légère, aérienne, serpentine qui est attendue de la femme ? Assurément, mais ancré dans la nature. C'est elle qui donne l'inspiration première. La culture consulte la nature, se met à son diapason, déploie ce que celle-ci se contente de suggérer, comme elle peut aussi bien ignorer ces suggestions. Si l'on prête à la femme une délicatesse, une grâce qui « préfère, comme le dit superbement Bergson, les courbes aux lignes brisées », un rythme cadencé, une aisance dans les mouvements extérieurs contrastant avec les mouvements plus saccadés des hommes, ce n'est pas pur arbitraire (même si d'autres civilisations y sont indifférentes), mais exaltation d'un donné naturel sur lequel les codes vestimentaires renchérissent. Les femmes aiment à en jouer, ainsi Diane de Maufrigneuse, telle que décrite par Balzac dans *Les Secrets de la princesse de Cadignan*, se mettant littéralement en scène pour recevoir Daniel d'Arthez, l'homme dont elle veut éveiller le désir :

> « Elle arriva de bonne heure, afin de se trouver sur la causeuse, au coin du feu (...) comme elle voulait être vue, dans une de ces attitudes où la science est cachée sous un naturel exquis, une de ces poses étudiées, cherchées, qui mettent en relief cette belle ligne serpentine qui prend au pied, remonte gracieusement jusqu'à la hanche, et se continue par d'admirables rondeurs jusqu'aux épaules (...) Une femme nue, conclut Balzac, serait moins dangereuse que ne l'est une jupe si savamment étalée, qui couvre tout et met tout en lumière à la fois[134]. »

134. Balzac, *Les Secrets de la princesse de Cadignan et autres études de femme*, Folio Classique, 1998, pp. 262-263.

Ces notions de féminité, de virilité sont donc d'abord associées à des signes extérieurs. Toutefois l'asymétrie du masculin et du féminin ne s'y réduit pas. Sous la notion de différence naturelle, il s'agit de reconnaître et d'assumer la réalité d'une dichotomie qui excède la physionomie propre à chacun des sexes pour embrasser des dispositions, des aspirations, des attentes qui les singularisent et les distinguent. Dans la querelle du genre, ce dernier point est le plus épineux. Pourquoi ? En partie, parce que notre époque est au scientisme[135] : la parole de la science fait seule autorité. Pro et anti-genre ont d'ailleurs tendance à confluer sur ce point. C'est à elle, spécialement à la génétique et aux neurosciences, qu'ils s'en remettent pour trancher le nœud gordien : la différence des sexes, construction sociale ou donnée naturelle ? La force, la plus grande agressivité prêtée à l'homme, le goût de plaire, la séduction à laquelle la femme serait par nature portée, ces distributions de rôles ont-elles une *explication* scientifique ? Les hormones, les gènes, les processus neuronaux en rendraient-ils compte ? Les études se multiplient mais ne cessent de se contredire, et chacun peut ainsi appuyer sa thèse sur les travaux qui vont dans son sens. Et à défaut, les uns concluent de l'impuissance de la science à donner un fondement biologique aux différences sexuelles à leur parfaite historicité, les autres parient sur le progrès des techniques. Le scientisme contemporain nous somme

135. Voir sur ce point, *Le Singe, le Gène et le neurone. Du retour du biologisme en France*, PUF, 2014.

de choisir : ou bien la science peut rendre raison de la dichotomie du masculin et du féminin, ou bien le genre a raison, il n'y a pas d'invariant, tout est historique et tout peut être déconstruit. Il convient de rompre résolument avec cette logique.

Le phénomène humain ne se laisse pas résorber par l'explication scientifique. La science peut bien établir ce qu'elle veut, il n'en reste pas moins que, pour nous, dans la réalité concrète, vécue, *il y a* des hommes et des femmes. Le masculin et le féminin restent deux modalités de l'incarnation qui résistent à l'aplatissement des différences, deux manières d'expérimenter un monde qui leur est commun. Sans doute Montaigne a-t-il raison lorsqu'il dit : « les mâles et femelles sont jetés en même moule ; sauf l'institution et l'usage, la différence n'y est pas grande », mais cette « petite ressemblance, pour citer Albert Thibaudet, renverse toutes les grandes ressemblances[136] ». La notion de « chair » que Merleau-Ponty a introduite dans le vocabulaire philosophique permet de prendre en charge l'épaisseur et l'opacité de l'existence sexuée, irréductible à une différence anatomique et physiologique. En tant qu'êtres charnels, nous sommes à « plusieurs feuillets » et nous n'aurons jamais fini de les déplier. Il y a un mystère essentiel à chacun des sexes. Il y a un noyau intime de l'être auquel on ne touche pas, fût-ce au nom des principes les plus généreux comme celui de l'égalité qui préside

136. Albert Thibaudet, *Réflexions sur la littérature*, Gallimard, Quarto, 2007, p. 1380.

à l'actuelle politique éducative. Soutenir une telle position, c'est se rendre suspect de complicité avec les forces de l'obscurantisme. Mais notre tâche de philosophe est de ne pas abandonner à la théologie cette part de donné rebelle à toute explication causale. Le masculin et le féminin en l'homme sont de cet ordre.

Ce n'est donc pas d'une biologie de la différence des sexes que nous avons besoin mais d'une phénoménologie de la différence des sexes. C'est la raison pour laquelle il revient à l'art et à la littérature qui n'expliquent rien mais racontent, montrent du doigt, laissent parler l'expérience, de nous instruire en ce domaine. Freud lui-même, au terme d'une conférence consacrée précisément à la féminité, rend les armes, s'efface devant la littérature qu'il sait plus et surtout autrement instruite que la psychanalyse en ce domaine : « Si vous voulez en apprendre davantage sur la féminité, conseille-t-il à ses auditeurs, interrogez votre propre expérience, adressez-vous aux poètes[137]... »

## *Une nature vulnérable*

On pourra m'objecter que si le masculin et le féminin relèvent de la nature alors la dualité sexuelle est chose suffisamment coriace pour triompher d'une

---

137. Sur ce point, je recommande vivement la lecture de Edmundo Gomez Mango, J.B. Pontalis *Freud avec les écrivains*, Gallimard, coll. « Tracés », 2012.

théorie qui veut la nier et l'abolir. Il n'y aurait, par conséquent, guère à plaider en sa faveur.

On ne saurait cependant ignorer que chez l'homme, la nature se contente d'indiquer, de faire signe, selon l'aphorisme d'Héraclite déjà cité, elle ne détermine pas – et c'est heureux : la liberté se mêle à la nature. Le féminin et le masculin sont ainsi des dispositions, non des essences qui commandent infailliblement. La nature dans l'homme présente ce paradoxe d'être vulnérable. On doit à Montesquieu d'avoir établi cette vérité : « L'homme, écrit-il dans *De l'esprit des lois*, cet être flexible, se pliant dans la société aux pensées et aux sentiments des autres, est également capable de connaître sa propre nature lorsqu'on la lui montre, et d'en perdre jusqu'au sentiment lorsqu'on la lui dérobe. »

Le commentaire qu'inspire à Yves Bonnefoy le tableau du peintre Edward Hopper *A Room in New York*[138], une œuvre datée de 1932, nous le fait cruellement sentir : « Exemplaire de ce que Hopper épie les êtres aux confins de l'âme et du silence du monde, écrit le poète, cette jeune femme de *A Room in New York*, 1932, qui, près de son mari qui lit intensément son journal, a posé, ou va poser un doigt, rien qu'un doigt sur le clavier du piano pour écouter les vibrations de la note. » Et Bonnefoy de poursuivre : Si Hopper « observe surtout les femmes (...) c'est que la femme est moins convaincue que

138. *Edward Hopper*, Catalogue de l'exposition, Réunion des Musées Nationaux-Grand-Palais, 2012, p. 203.

l'homme, dans la société qu'il voit s'édifier, elle est moins prête à préférer les cours de la Bourse aux harmoniques d'un son ou au spectacle du ciel qui change[139] ».

Une profonde nostalgie nous saisit à la lecture de ces lignes. Ce présent des vérités intemporelles auquel Yves Bonnefoy recourt ici relève-t-il l'épreuve du temps ? Les femmes aujourd'hui, et leur ministre de tutelle (car c'est ainsi, les femmes ont leur ministre de tutelle), semblent n'avoir qu'une aspiration pour elles, leur parfaite intégration à la vie économique, faire d'elles des agents aussi convaincus que les hommes de ce modèle de société où, dans l'échelon des activités humaines, le travail occupe la place la plus élevée, bref s'assurer que rien ne les détourne plus du cours de la bourse, et surtout pas le spectacle des nuages ou les harmoniques d'une sonate. Et ce dès la crèche, car pourquoi convient-il d'apprendre aux petits garçons à donner le bain et changer leur poupon, *surveiller le ragoût et repriser les chaussettes* (Virginia Woolf) ? Afin de libérer leurs futures compagnes de préoccupations qui risqueraient d'entraver le destin de *working woman* que, par décret, mais avec leur complaisance, la société leur a tracé. Entre l'ABCD de l'égalité et la proposition en février 2014 du ministre d'alors de l'Enseignement supérieur et de la Recherche, Geneviève Fioraso, d'introduire un « enseignement de la culture

139. « Edward Hopper : La photosynthèse de l'être » in *Le Nuage rouge. Dessin, couleur et lumière*, Gallimard, collection Folio essais, 1999, pp. 419-420.

de l'entreprenariat » dès la maternelle, il y a un lien tout à fait évident[140].

Plutôt que d'en conclure à l'historicité de cette différence sexuée postulée par Bonnefoy, j'y vois avec Montesquieu l'indice d'un oubli : les femmes se sont laissé, complaisamment, dérober leur nature. Ces dispositions qui nous définissent en propre, tout conspire, certes, à nous en faire perdre jusqu'au sentiment, mais il nous appartient d'en prendre soin, de veiller scrupuleusement sur elles si nous voulons qu'elles perdurent.

## *De l'historicité à la caducité ou de l'historicité à la responsabilité ?*

*Qui sait ce que demain fera à hier ?*
Günther Anders

La théorie du genre renferme une vérité qu'on doit lui reconnaître, même si, comme on l'a dit, elle n'est pas la seule ni la première à la découvrir : les catégories du masculin et du féminin, la façon dont nous concevons les relations entre les hommes et les femmes, le rituel amoureux empruntent à l'histoire. Son défaut – c'est un euphémisme – est d'abord de postuler qu'elles n'empruntent qu'à l'histoire, ensuite de conclure de cette historicité à sa caducité. « Le Genre est formé par des normes culturelles qui nous précèdent et nous excèdent », écrit Judith

140. *Les Echos*, 5 février 2014.

Butler. Assurément. Le monde ne commence pas avec nous. Mais l'individu moderne, et plus encore post-moderne, répugne à l'idée même d'être en dette à l'endroit du passé. Il aspire à un présent entièrement fondateur. L'historicité des choses ne le met pas en demeure d'en prendre soin, de veiller sur elles, de s'en tenir pour responsable au contraire, il y voit une chance de s'en débarrasser.

Günther Anders distingue entre le cynisme des anciens et celui des modernes, le premier s'épuise « dans la formule "tout peut être anéanti", le second "tout peut être reconstruit", dès lors l'anéantissement n'est pas si grave, et même opportun[141] », en sorte qu'il n'y a plus de perte, plus de deuil (ce mot si humain[142]). C'est cette dernière forme de cynisme qui corrode l'esprit progressiste et explique qu'il adhère sans réserve au Genre.

C'est là le cœur de la résistance que j'oppose à cette doctrine, ce n'est pas seulement la nature qui est niée par la théorie du genre, c'est le donné de l'héritage historique. Ce n'est pas seulement la différence des sexes en tant que telle, en tant que donnée biologique, anatomique ni même existentielle qui

---

141. Günther Anders, *George Grosz*, Editions Allia, 2005, p. 78.

142. Notons au passage, cela n'est pas étranger à notre sujet, qu'Anders fustige non moins ceux qui « se refusent fondamentalement à percevoir l'histoire comme histoire, et se comportent comme si le monde était aussi naturel qu'une plante », se délestant du même coup de toute responsabilité en tenant « ce qui est pour éternel *eo ipso* » (*Journaux de l'exil et du retour*, traduit de l'allemand par Isabelle Kalinowski, Fage éditions, 2012, pp. 58-59).

me préoccupe – sans doute, de fait, fera-t-elle encore longtemps de la résistance – mais ce que nous, civilisations occidentales, faisons et voulons faire de cette différence et de ce que notre passé nous lègue en ce domaine. « La différence des sexes est mise en œuvre dans le rapport effectif des hommes et des femmes », disait Françoise Collin. Mise en œuvre et non fabriquée, comme le postule le Genre pour lequel il n'est ni homme ni femme avant cette mise en relation.

La différence des sexes est un héritage, une histoire, un legs. « Une éthique et une esthétique : une courtoisie, écrivait Octavio Paz. Une manière de sentir et de vivre[143]. » Une construction non pas logique mais l'expression d'aspirations. Le féminin, le masculin, ce que nous entendons sous ces vocables, sont le dépôt et la sédimentation des siècles, ce qui ne nous interdit pas – et nous n'avons pas manqué de le faire – de les infléchir, de les moduler. On dirait volontiers de la construction occidentale de la différence des sexes, ce que Simone Weil disait de la nation, elle est une chose belle, fragile et périssable. Elle ne peut en tout cas flamboyer qu'à la condition que nous attisions les flammes.

Nous devons ainsi nous sentir une responsabilité pour la féminité et les qualités, les vertus qui lui sont attachées, tout comme les hommes le doivent à l'égard de la masculinité, de la virilité. Les femmes *ont incarné* – la littérature, l'art sont là pour nous

143. Octavio Paz, *La Flamme double. Amour et érotisme*, traduit de l'espagnol par Claude Esteban, Gallimard, coll. « Du monde entier », 1994, p. 124.

le rappeler –, *incarnent* certaines dispositions, certaines qualités, voire certaines faiblesses. Celles-ci leur ont été attribuées en vertu de leur nature, à tort peut-être parfois, il n'empêche que, parmi ces qualités, ces dispositions auxquelles leur histoire est liée, il en est d'infiniment précieuses. Il ne me semble pas illégitime que les femmes s'en tiennent pour les dépositaires, les gardiennes, les vigies.

Je ne sais par exemple si les larmes pour les vaincus sont la prérogative naturelle des femmes et l'inflexibilité dans l'épreuve celle des hommes, si le désespoir de Camille ou l'affliction de Sabine et la fermeté d'Horace[144] sont des faits de nature ou de culture, il n'en reste pas moins que cette répartition est hautement salvatrice pour l'humanité. Il ne serait pas bon que l'un *et* l'autre donnent la préséance à l'amour sur le devoir patriotique. « Voyez couler nos pleurs sans y mêler vos larmes[145] », Sabine ne demande rien d'autre à la gent masculine. Il ne serait pas bon non plus que les morts n'aient personne pour les pleurer.

Parce qu'elle donne la vie, dès l'Antiquité, la femme a été pensée comme plus proche de la nature, des sensations et des sentiments, sans, pour autant, leur lacher la bride : il n'est pas de civilisation sans mise en forme des affects. L'homme, lui, ne pleure pas, non qu'il soit inaccessible à la douleur, mais il doit en triompher s'il veut ne pas vaciller dans l'épreuve. La femme requiert la présence

144. Corneille, *Horace*, acte IV, scènes V et VII.
145. *Ibid.*, Acte 3, scène V.

à ses côtés d'un être capable de vaincre, d'endurer, en tout cas de lui donner le sentiment de pouvoir toujours triompher de l'adversité. Dans l'oraison funèbre qu'il écrit pour le Prince de Condé, une des plus belles qu'il ait prononcée, Bossuet dépeint magnifiquement cette exigence, cette vertu toute virile de constance : « Sensible jusques à la fin à la tendresse des siens, il ne s'y laissa jamais vaincre. »

La noblesse de cette distribution des rôles ne nous atteint plus. L'Occident qui en est l'auteur se voit mis en accusation pour n'avoir pas fait droit à une prétendue bissexualité originelle. Le féminin et le masculin passeraient en chacun de nous, tout homme aurait sa part de féminité, toute femme sa part de virilité, peut-être, mais il n'en reste pas moins que c'est par la différence des sexes que nous nous ouvrons à l'altérité. Emmanuel Levinas a magnifiquement orchestré ce thème. C'est dans « l'événement du féminin » que l'altérité se donne dans son irréductibilité, comme mystère inépuisable et insurmontable. La différence des sexes est épreuve originelle, sans mélange, et intraitable de l'altérité[146].

Désormais, est enregistré comme un progrès de l'égalité le fait que les femmes dans les débats politiques usent d'une langue et de manières aussi peu châtiées que celles des hommes. Je ne suis pas sûre que l'on doive s'en glorifier. Ainsi au nom de l'égalité, nous relevons les femmes de leurs obligations, mais les privons du même coup des prérogatives qui

---

146. Emmanuel Levinas, *Le temps et l'autre*, PUF, Quadrige, chapitre « Eros »

leur avaient été reconnues. Longtemps l'éducation des filles a consisté à fortifier ces traits tenus pour constitutifs de l'identité féminine, au plus grand profit de la civilisation, et nous n'avons rien à gagner à les en délier. C'est ce qui doit nous occuper dans les préconisations actuelles concernant l'éducation des filles : le souci esthétique n'ayant, conformément à la théorie du genre, aucun fondement naturel, n'étant que conditionnement, il conviendrait de soustraire les petites filles de telles préoccupations, futiles au regard des critères qui seuls doivent prévaloir, le confort et surtout l'efficacité, la performance, voire la productivité (rappelons, ainsi qu'on l'a déjà souligné, que l'éducation n'a plus en ligne de mire que de former des *working women*). On notera au passage que l'idéologie progressiste se rallie sans scrupules aux principes d'une économie libérale que rien ne vient tempérer. Günther Anders suggérait déjà que le puritanisme devait sa défaite moins à son rigorisme qu'à l'impératif d'efficacité qui commande les modernes. En assimilant le jeu de l'amour et ses détours à des simagrées, en n'y voyant que l'indice de tabous persistants, les tenants de la libération des mœurs se ralliaient à « l'idéal dominant de l'époque : être pratique ». Il est vrai que « les ajournements sont des pertes de temps[147] », sans assurance de retour sur investissement qui plus est (les clients des prostituées invoquent volontiers

147. Günther Anders, *Aimer Hier. Notes pour une histoire du sentiment (New York 1947-1949)*, traduit de l'allemand par Isabelle Kalinowski, Fage éditions, 2012.

ce motif, être délesté du fardeau du jeu de l'amour toujours hasardeux).

Le rapport de décembre 2012 sur « L'égalité entre les filles et les garçons dans les modes d'accueil de la petite enfance » est à cet égard édifiant. Un des chapitres de ce rapport inventorie les « pratiques qui, sous couvert de neutralité, confortent les stéréotypes », parmi ceux-ci figurent « les vêtements » :

> « *Plaire ou être à l'aise* : l'accent est mis sur l'esthétique d'un côté, sur l'autonomie et l'agilité de l'autre. Les filles sont encouragées à bien paraître et à plaire ; les garçons sont incités à être à l'aise.
>
> *L'autonomie versus la dépendance* : les habits proposés aux filles et aux garçons ne leur permettent un même degré d'autonomie.
>
> *La répression du mouvement chez les filles* : les vêtements féminins pour très jeunes enfants, comme les robes et les jupes, sont peu propices à l'apprentissage de la marche, voire de l'exploration à quatre pattes. Le souci de l'apparence esthétique semble survenir de plus en plus tôt chez l'enfant et expose au risque d'entraver les mouvements et donc les possibilités de jouer, de se dépenser et de se salir (*sic* !). »

A lire ces lignes, il nous vient un goût amer. *Plaire ou être à l'aise*, l'idéologie du « cool » triomphe, les petites filles, et par conséquent les futures femmes, sont sommées de s'y rallier. De telles préconisations ne concernent pas que les crèches mais visent à faire prendre conscience à chacun que les codes vestimentaires en vigueur travaillent à inférioriser le sexe féminin. La petite fille aime à porter des robes, des jupes, or ce ne sont qu'obstacles, il convient donc de l'en décourager[148]. Dans cette éducation, la passion de l'égalité a raison de la civilisation et de son souci esthétique, purement gratuit il est vrai, ou qui ne sert que l'érotisation des relations humaines. On ne peut s'empêcher de penser à *L'Ecole des femmes* où afin de préserver Agnès des impuretés du désir, Arnolphe préconise de « bannir vendeuses de ruban, perruquières, coiffeuses, faiseuses de mouchoirs, gantières, revendeuses, tous ces gens qui sous main travaillent chaque jour à faire réussir les mystères d'amour[149] ». Le beau sexe, ainsi a-t-on, pendant des siècles, désigné les femmes. Devons-nous en être offensées ? Je ne le crois pas, au contraire. La notion même d'« ornement » ne saurait non plus heurter, à la condition bien évidemment qu'on ne l'y réduise pas. Lorsque Stendhal demande : « Que serait la cour de Parme, sans ce magnifique ornement qu'est la Sanseverina ? », il pose une question qui concerne la civilisation.

Dans ses *Lettres d'Afrique*, Karen Blixen fait cette remarque très profonde : « Je ne sais si les jeunes auront une existence plus facile ou plus difficile que la nôtre ; mais d'une certaine façon, on peut dire

148. Notre époque n'étant pas à une contradiction près, au moment même où les petites filles sont incitées à laisser au placard leurs robes et leurs jupes, les petits garçons sont, eux, encouragés à ne pas abandonner ces vêtements aux « filles » et à les revêtir si l'envie leur en prend – et manifestement, si l'on devait en croire l'ouvrage qui a les faveurs des instituteurs, *Le Jour où je me suis habillé en fille*, elle n'aurait rien d'exceptionnel.

149. Acte IV, scène V.

que la vie s'est simplifiée depuis notre jeunesse, de même que l'habillement et les menus[150]. » La vie s'est simplifiée, en effet. Les sphères de l'existence ont été alignées les unes sur les autres, selon que l'on s'adressait à telle ou telle personne, selon la position que l'on occupait, des règles, des codes propres à chaque situation s'imposaient.

L'interchangeabilité de l'homme et de la femme conduite à marche forcée par la négation du donné naturel, participe de cette simplification. Comment n'y pas voir un appauvrissement? Que le lien qui attache la mère à son enfant ne soit pas de même nature que celui que noue le père avec sa progéniture élargit l'éventail des expériences. La peinture d'inspiration chrétienne nous lègue un riche répertoire des formes que prend l'amour maternel. La tendresse, la sollicitude, l'anxiété... La publicité du XXIe siècle puise à cette source iconographique pour inciter à la consommation de produits destinés au soin des enfants, mais en lieu et place de la mère, elle installe une figure masculine. Il ne s'agit pas de considérer qu'un père ne puisse serrer tendrement dans ses bras son enfant mais élever au rang d'icône cette représentation répond très exactement au vœu de Judith Butler, semer le trouble dans le Genre et, par voie de conséquence, le défaire.

Ce qui nous est précieux, et que nous ne voudrions pas voir ainsi défaire, c'est ce que la civilisation, en sa version occidentale, et spécialement française, a brodé sur ce canevas de la différence des sexes ce

150. *Lettres d'Afrique*, 13 janvier 1928, p. 472.

que nous avons bâti sur ce donné universel de la condition humaine. Cet art de cultiver, d'accentuer même selon le mot de Freud, la polarité du masculin et du féminin, de faire circuler le désir entre ces deux pôles. Libre à chacun, et d'abord aux femmes, d'y entrer ou de n'y pas entrer. Je ne vois guère de civilisation qui ait réuni tant d'efforts, consacré tant d'attention, consumé tant de jours à l'exploration et à l'élucidation de l'intrigue du désir – Virginia Woolf regrettait d'ailleurs que le roman se soit voué quasi exclusivement à cet objet, au détriment d'autres modalités des relations qui peuvent s'instaurer entre les êtres. La neutralisation des différences sexuelles n'est assurément pas notre fort, le masculin et le féminin y exhalent un parfum capiteux – et l'on comprend que le genre réserve un si grand mépris à cet héritage. La France se singularise dans le concert des nations occidentales par son attachement à cette essentielle altérité et à l'intrigue qui s'y noue – au point d'ailleurs que lorsque les Américains entendent exalter la « petite différence », c'est à la langue française qu'ils doivent recourir. Ainsi est-ce sur un « Vive la petite différence ! » entonné par Spencer Tracy que s'achève la comédie de Georges Cukor, *Adam's Rib*, où il est précisément question de la délicate articulation de l'égalité et de la différence[151].

Or, parmi ceux qui se dressent contre l'introduction du Genre, combien le font au nom de cette

151. Diffusé en France sous le titre *Madame porte la culotte*. L'égalité des femmes est l'enjeu du procès au cours duquel le couple que forment Adam (Spencer Tracy) et Amanda

construction singulière, unique, qu'est le rapport des sexes en France, l'atmosphère de séduction, de jeu réciproque que la distinction des sexes instaure, cet espace érotisé par la présence d'un homme et d'une femme. Erotisé parce que polarisé. Rares d'ailleurs sont ceux qui rendent hommage à cet art qui devrait être notre fierté, confrontés que nous sommes aux mœurs de civilisation qui, pour canaliser le désir

---

Bonner (Katherine Hepburn) est mis à l'épreuve. L'égalité règne entre eux, elle jouit même d'une autorité supérieure, une très grande complicité les unit, Amanda est le modèle de la femme émancipée, c'est elle qui conduit son époux à son bureau. Cette belle harmonie va se fracasser à la faveur du procès intenté à Doris Attinger pour tentative d'homicide sur son mari surpris en flagrant délit d'adultère. Adam est chargé de l'affaire au titre de procureur, Amanda se débrouille pour devenir l'avocate de Doris. Le prétoire se transforme en arène. Elle s'attelle à la rude tâche de faire prendre conscience à son mari d'abord, aux membres du jury ensuite, de l'inégalité dont les femmes, en dépit de la proclamation d'égalité gravée au fronton du palais de justice, sont encore victimes devant la loi. Selon que vous naissez homme ou femme, les jugements de cour vous rendront blanc ou noir, pour paraphraser La Fontaine. Un homme aurait rapidement été disculpé au nom de circonstances atténuantes. La querelle d'abord circonscrite au prétoire, pénètre la sphère privée. Leur couple est mis en péril : le visage qu'Amanda montre au cours du procès offense Adam qui sacralise l'enceinte du tribunal et ne goûte guère le jeu joué par son épouse, ses envolées lyriques, sa mise en accusation de l'application de la loi. Ils décident de divorcer, mais Amanda souffre d'avoir sacrifié son amour sur l'autel de la justice. Doris Attinger sera disculpée. L'égalité triomphe. Et le couple se réconcilie, s'apercevant qu'ils ne peuvent se passer l'un de l'autre. La réplique finale est donc lourde de sens : l'égalité devant la loi, la différence dans la vie intime. Bref, l'égalité dans la différence.

masculin, n'ont conçu d'autres solutions que de voiler les femmes, de dissimuler cet objet de désir qu'elles sont aussi et, n'en déplaisent à certain(e)s, qu'elles aiment à être. Notre civilisation, judéo-chrétienne, n'a pas moins été hantée que la civilisation musulmane par le désir que la femme inspire à l'homme, mais elle a fait le pari que l'homme pouvait se domestiquer. Je suis frappée de ce qu'aucun homme n'ait jamais protesté contre cette piètre idée que se font de lui les militants du port du voile, pour ne rien dire du niqab.

J'ai bien conscience qu'en appeler à la responsabilité pour un héritage, quand cet héritage est frappé de discrédit, accusé d'être de part en part inégalitaire et dominateur, a quelque chose de naïf, et de vain. Je reste néanmoins convaincue, et j'invite chacun à y réfléchir par soi-même, que ce legs des siècles garde une puissance de signification précieuse et *neuve*. Il vaut à mes yeux pour sa validité anthropologique et non pas historique. Je ne pense pas que *c'était mieux avant* et je n'ai guère le goût des inventaires avant liquidation. Ceux-ci m'ennuient et me paraissent stériles. Ce n'est pas parce qu'il est passé qu'il doit être continué. Le passé, tout passé qu'il soit, a mis au jour des possibilités humaines qui, si elles ne sont pas d'aucun lieu – elles sont en effet liées à la civilisation occidentale en son génie propre –, sont en revanche d'aucun temps et sont par conséquent susceptibles de continuer à nous inspirer. Plutôt que de faire comparaître une fois encore notre héritage biblique, romanesque, poétique devant le tribunal de la misogynie, du sexisme et de la domination masculine, il me semble infiniment plus fécond de rouvrir tous ces livres afin d'y découvrir une autre intelligence des rapports entre les hommes et les femmes, un autre scénario que celui, monotone, des rapports de force et de pouvoir. Des relations nullement sereines, compliquées, aventureuses au contraire, mais savoureuses, en vertu même de cette différence originelle et irréductible.

## *Une identité narrative*

Ne nous y trompons pas. En défendant l'altérité sexuelle comme donnée naturelle, nous n'entendons pas revenir à une quelconque identité substantielle. Il ne s'agit pas de céder à ce que Belinda Cannone appelle la *tentation de Pénélope*[152], de défaire ce que le féminisme a fait en rapatriant les femmes dans quelque essence immuable. Quiconque postule, ainsi que je le fais, l'existence d'un donné naturel, n'y réduit pas nécessairement l'individu. Je ne m'emploierai pas à conceptualiser cette différence des sexes, à enfermer le masculin et le féminin dans une essence, mais je ne peux non plus reconduire cette différence des sexes à une simple production historico-sociale. Si l'identité féminine, ou masculine d'ailleurs, n'est pas substantielle, elle n'est pas non plus un oxymore. C'est faire droit à l'expérience que de se refuser à conclure que *l'un est l'autre sexe.*

Il doit être possible de déployer une pensée de la différence des sexes qui ne condamne pas à retomber

---

152. Belinda Cannone, *La Tentation de Pénélope*, Stock, coll. « L'autre pensée », 2010.

dans un essentialisme dont un certain féminisme nous avait libérées et que dément tout autant l'expérience.

L'identité féminine comme toute identité personnelle est une identité narrative. Donné et liberté s'entrelacent. Comme le dit Hannah Arendt, inspirée par la sagesse des Anciens, ce n'est qu'à la fin d'une vie qu'on saura *qui* a été quelqu'un. Cependant cette identité narrative, cette histoire unique, imprévisible que la vie de chacun raconte, s'enlève – et c'est la grande différence avec Sartre pour l'existence précède l'essence – sur un fonds de donné.

Plutôt que d'essence du masculin et du féminin, on parlera de condition masculine et de condition féminine, expressions qui permettent de faire droit à l'existence d'invariants, mais d'invariants qui sont moins dans les réponses que dans les questions.

C'est un serpent de mer du féminisme que la question du statut de la femme. L'histoire du féminisme est marquée par cette tension entre l'exigence de reconnaissance de l'égalité et la revendication d'une différence inaliénable. Mais nous n'avons pas à choisir entre un féminisme différentialiste qui sacralise la différence des sexes et un féminisme universaliste qui désincarne les femmes en défendant le principe selon lequel la femme est un Homme comme les autres. Les deux positions sont vraies. Les hommes et les femmes sont tout à la fois égaux et différents. Il est des sphères de l'existence où l'égalité doit seule prévaloir, d'autres où ce sont les différences. Longtemps cet équilibre a triomphé en France. L'égalité est un concept politique, elle est de droit non de nature – c'est là le dévoiement de la politique conduite aujourd'hui. Que le droit ne doive pas faire acception de personne, c'est la définition même de la citoyenneté républicaine. Celle-ci repose sur un magnifique pari anthropologique – auquel nous nous risquons de moins en moins –, l'individu doit pouvoir se soustraire à toutes ses appartenances communautaires, se délier de ses attachements partisans, s'extraire de l'idiosyncrasie de son monde afin de prendre part à l'universel. Le citoyen n'est le représentant d'aucun groupe, d'aucune faction. Cela vaut pour la vie de l'esprit. Je ne saurais souscrire à la thèse d'une écriture féminine. Günther Anders suggère que si les femmes avaient été philosophes, la face de l'histoire de la philosophie en eût été changée, je ne le crois pas. Le *Cogito*, dit Anders, n'aurait pu être formulé par un être qui donne la vie – l'idée est belle –, mais à qui doit-on de l'avoir défait, ce sujet qui se fonde lui-même, *causa sui*? A d'autres hommes : Husserl, Heidegger, Merleau-Ponty et n'est-ce pas à l'inverse une femme, Simone de Beauvoir, qui lui donne une postérité ? Hannah Arendt est peut-être le penseur de la naissance mais ce serait l'offenser que d'attribuer cette innovation conceptuelle à son appartenance au sexe féminin, d'autant que Péguy, Merleau-Ponty n'ont pas été totalement étrangers à ce thème. Le penseur n'est jamais assigné à résidence. La pensée, comme la citoyenneté, en appelle à cette noble faculté de l'homme, de s'extraire de lui-même. Penser, dit Kant, c'est « emmener son esprit en imagination ».

Pour savoir *qui* sont les femmes, et non *ce qu*'elles sont, il faut les raconter, les saisir dans les intrigues de leur vie, dans les histoires qui leur arrivent. On s'épuise en vain à tenter de définir le féminin et le masculin, ce sont deux réalités incontestables, deux modalités d'être au monde insubstituables mais des réalités vivantes, rétives à tout enfermement dans un concept. On a pu reprocher aux philosophes d'avoir méconnu la question de la différence des sexes mais ne doit-on pas plutôt interpréter cette réserve comme une marque de sagesse. Une théorie de la féminité, de la masculinité ? Quoi de plus périlleux ? Ne doit-on pas être « reconnaissant envers Diderot de n'avoir pas produit, comme l'a fait Rousseau, une théorie de la féminité » ? demande Elisabeth de Fontenay. N'est-ce pas «justement l'absence de construction systématique et d'esprit réformateur qui fait le prix des analyses et des descriptions diderotiennes[153] » ? Diderot nous offre en effet une œuvre où, ainsi que le rappelle l'auteur du *Matérialisme enchanté*, « l'oscillation entre les revendications de similitude et de spécificité demeure à l'état de tourment », où « il est constamment, répétitivement question des femmes sans que jamais celles-ci ne soient épuisées ».

Le féminin et le masculin sont des incarnations. Si l'on veut pénétrer la différence des sexes alors il faut se tourner vers les écrivains. Simone de Beauvoir a raison de dire que l'éternel féminin, l'éternel masculin, sont des *essences* bien *incertaines*[154]. Mais c'est un mauvais procès intenté à la littérature, et généralement à l'art, que de les accuser, ainsi qu'elle fait dans *Le Deuxième sexe*, d'avoir contribué à l'élaboration de ces

153. Elisabeth de Fontenay, *Diderot ou le matérialisme enchanté*, Le Livre de Poche, Coll. Biblio essais, 1986, p. 111.

154. Simone de Beauvoir, *Le Deuxième sexe II, op. cit.*, p. 483.

figures archétypales. Au contraire, nous devons à notre héritage littéraire, pictural, musical d'avoir fait varier à l'infini les figures de femmes, et ce dès l'Antiquité, dès Homère, ainsi qu'Oscar Wilde s'est attaché, dans un texte de jeunesse, a en analyser les incarnations dans l'*Iliade* et l'*Odyssée*[155]. Si les femmes qui lisent sont dangereuses, c'est bien que les romanciers ne se contentent pas de relayer, d'étayer des stéréotypes, mais que leurs œuvres sont susceptibles d'enflammer l'imagination de leurs lectrices, de faire naître en elles des aspirations que les autorités religieuses, sociales, politiques préféreraient voir étouffées.

L'éternel féminin, où est-il quand la littérature, depuis la Bible, propose de foisonnants portraits de femmes aux contrastes les plus saisissants ? Dans les figures idéalisées de Raphaël, dans les formes voluptueuses de celles du Corrège, dans la souveraineté romaine des femmes de Poussin ? Chaque peintre découvre une grâce nouvelle au corps et au visage féminins, ajoute une nuance inédite à la volupté, à la tendresse, à la sévérité. Qui est La femme ? Est-ce Hélène, Andromaque, Circée, Pénélope, Ariane, Ismène, Antigone ou Médée ? Esther, Salomé, Bethsabée, Eve, Marie, Marthe ou Madeleine ? La Reine de la nuit, Carmen, Violetta ? Elvire, Célimène ou Agnès ? Je ne sache pas deux figures féminines semblables, non seulement à travers toute l'histoire de la littérature et de la peinture, ou encore de l'opéra, mais au sein même de l'œuvre d'un seul et même auteur. Elles

155. Oscar Wilde, *Les Femmes d'Homère*, traduit de l'anglais par Pascal Aquien, préface de Daniel Mendelsohn, Climats, 2010.

ont toutes un air de famille et chacune une singularité irréductible. Elles sont des figures exemplaires, elles renferment quelque chose d'universel, mais de cet universel qui ne se donne que dans la particularité.

Que dit Balzac dans son avant-propos à *La Comédie humaine* – qui aurait très bien pu se nommer *Les Mille et une femmes*, ainsi que le suggère Michel Butor[156] ? « Quand Buffon peignait le lion, il achevait la lionne en quelques phrases ; tandis que dans la Société, la femme ne se trouve pas toujours être la femelle du mâle. » Cet impénitent explorateur de la femme attribue au catholicisme ce foisonnement : « Dans le protestantisme, il n'y a plus rien de possible pour la femme après la faute ; tandis que dans l'Eglise catholique, l'espoir du pardon la rend sublime. Aussi n'existe-t-il qu'une seule femme pour l'écrivain protestant tandis que l'écrivain catholique trouve une femme nouvelle dans chaque nouvelle situation. »

La reconnaissance d'invariants n'hypothèque donc en rien la liberté des femmes. Pour l'admettre, il nous faudrait aujourd'hui la sagesse, et la témérité d'un Gilles Lipovetsky, esprit non suspect de compromission avec les forces réactionnaires. Dans un ouvrage paru en 1997, *La Troisième femme*, Gilles Lipovetsky observait que, après quelque trente ans de militantisme féministe, « partout les disjonctions de genre devenaient moins visibles, moins exclusives, plus floues, mais à peu près nulle part elles ne périclitaient ». « L'économie de l'altérité masculin/féminin,

156. Michel Butor, *Scènes de la vie féminine, Improvisations sur Balzac III*, Editions La différence, coll. « Les Essais », 1998, p. 18.

constatait-il, n'est nullement ruinée par la marche de l'égalité », « la variable sexe continue de toute évidence d'orienter les existences, de fabriquer des différences de sensibilités, d'itinéraires et d'aspirations ». Cependant, loin d'en conclure, comme nous le faisons aujourd'hui, à une révolution inachevée, le sociologue se laissait convaincre par les faits : « Si l'on a pu caresser le rêve d'une marche irrésistible vers l'indistinction des rôles et places de l'un et l'autre sexes, écrivait-il, force est de revoir à la baisse cette hypothèse[157]. » Il se refusait à interpréter cette obstination des différences comme l'indice d'une histoire qui ferait du surplace. « L'heure est venue, écrivait-il, de renoncer à interpréter la persistance des dichotomies de genre au sein de nos sociétés comme des archaïsmes ou des "retards" condamnés inévitablement à disparaître sous l'action émancipatrice des valeurs modernes. Ce qui, du passé, se prolonge, n'est pas atone mais porté par la dynamique du sens, des identités sexuelles et de l'autonomie subjective. »

Si le souci de l'apparence, de la beauté, l'amour, la maternité demeurent les prérogatives de la femme, ce n'est pas par *aliénation* à une société patriarcale, machiste, qui la rendrait *étrangère* à elle-même, mais au contraire parce qu'elle *s*'y reconnaît. Se parer, plaire, séduire, aimer, donner la vie continuent de faire sens pour la condition féminine.

157. Gilles Lipovetsky, *La Troisième femme*, Gallimard, 1997, p. 14.

# Epilogue

« Il y a beaucoup de choses qui méritent d'être moquées et jouées, de peur de leur donner du poids en les combattant sérieusement », disait Tertullien. Au moment de refermer cet essai, il me vient un doute, une inquiétude, un tourment. N'ai-je pas traité avec trop de sérieux une théorie qui ne mériterait rien d'autre que d'être d'engloutie dans un grand éclat de rire ? A l'instar de celui, irrépressible et redoutablement efficace, que provoquent les Monty Python dans une scène de *La Vie de Brian* ? En quelques répliques absolument irrésistibles, ils ont su faire apparaître dès 1979 le grotesque et l'absurde d'une théorie qui, au nom des droits de l'homme – ou « de la femme » – et de la lutte contre toutes les formes d'oppression, sacrifie sans scrupule le principe de réalité. Réunis sur les gradins d'une arène, quelque part en Galilée, quatre membres du mouvement contre l'impérialisme romain, le Front du peuple de Judée, sont engagés dans une discussion enfiévrée sur les droits de l'homme. L'un d'entre eux, Stan, ne cesse de les interrompre pour faire valoir, déjà sur le plan du discours, les droits de la femme. Impatientés, ses compagnons l'interrogent : « Cesse avec tes femmes ! Pourquoi parles-tu tout le temps de femmes, Stan ? » « Je veux en devenir une. A partir de maintenant, je veux que vous m'appeliez tous Loretta. » Mais d'où vient cette révolte ? « Je veux avoir des bébés », c'est un « droit inaliénable de tout homme ». « Mais tu *ne peux pas* avoir de bébés ! lui fait observer Reg. Tu n'as pas d'utérus ! Où comptes-tu développer le fœtus ? Dans une boîte ? » « Cesse de m'opprimer ! » (*Don't you oppress me !*) lui réplique Stan/Loretta qui fond en larmes. Judith suggère alors de faire reconnaître officiellement son droit à avoir des enfants, puisque après tout « ce n'est pas de sa faute s'il n'a pas d'utérus ». Quel sens cela a-t-il de lui reconnaître un tel droit ? insiste Reg, décidément récalcitrant. Cette reconnaissance sera « symbolique de notre lutte contre l'oppression », justifie Judith. « Symbolique surtout de sa lutte contre la réalité ! » conclut, consterné, Reg. Je laisse aux Monty Python le mot de la fin et invite le lecteur à se reporter à cette savoureuse séquence de *La Vie de Brian.*

# Table

CET OUVRAGE A ÉTÉ COMPOSÉ
PAR DATAMATICS
ET ACHEVÉ D'IMPRIMER
SUR ROTO-PAGE
PAR L'IMPRIMERIE FLOCH
À MAYENNE EN OCTOBRE 2014

PAPIER À BASE DE FIBRES CERTIFIÉES

*Grasset* s'engage pour l'environnement en réduisant l'empreinte carbone de ses livres. Celle de cet exemplaire est de :
500 g éq. $CO_2$
Rendez-vous sur www.grasset-durable.fr

N° d'édition : 18575 – N° d'impression : 87511
Dépôt légal : octobre 2014
*Imprimé en France*